ХЭЛ ТЭГШ БАЙДАЛ

언어 평등

NYELVI EGYENLŐSÉG

SPRACHE EQUALITY

TAAL GELIJKHEID

SPRÅK LIKHET

LANGUAGE EQUALITY

NGÔN NGỮ BÌNH ĐẲNG

IDIOMA IGUALDADE

BAHASA KESETARAAN

言語平等

שפת שוויון

भाषा समानताको

ภาษาเท่าเทียมกัน

IDIOMA IGUALDAD

AEQUALITAS LANGUAGE

JAZYK ROVNOST

LANGUE ÉGALITÉ

ЯЗЫК EQUALITY

ພາສາຄວາມສະເໝີພາບ

LIMBA EGALITATE

UGUAGLIANZA LINGUA

اللغة المساواة

برابری زبان

ভাষা সমতা   语言平等

LUGHA USAWA

"모든 언어는 평등하다"

지구상의 모든 언어는 인류공동체 문명 발전의 발자취입니다.
힘이 센 나라의 언어라 해서 더 좋거나 더 중요한 언어가 아닌 것처럼,
많은 사람들이 쓰지 않는 언어라 해서 덜 좋거나 덜 중요한 언어는 아닙니다.

문화 다양성에 따른 언어 다양성은 인류가 서로 견제하고
긍정적인 자극을 주고받으며 소통, 발전할 수 있는 계기가 됩니다.
그러나 안타깝게도 현재 일부 언어가 '국제어'라는 이름 아래
전 세계 사람들에게 강요되고 있습니다.

MOBA PIBHICTb

DIL EŞITLIK   문예림의 꿈은 전 세계 모든 언어를 학습할 수 있는 어학 콘텐츠를 개발하는 것입니다.
어떠한 언어에도 우위를 주지 않고, 다양한 언어의 고유 가치를 지켜나가겠습니다.
누구나 배우고 싶은 언어를 자유롭게 선택해서 배울 수 있도록 더욱 정진하겠습니다.

활용
우즈벡인-한국어
한국인-우즈벡어
회화

문예림

http://www.bookmoon.co.kr

활용 우즈벡인 - 한국어 한국인 - 우즈벡어 회화

초판 2쇄 인쇄 2016년 10월 21일
초판 2쇄 발행 2016년 10월 29일

지은이 김춘식, G. 굴쇼다, M. 나시바, B. 페루자
발행인 서덕일
펴낸곳 문예림
주　소 경기도 파주시 회동길 366 (10881)
전　화 (02)499-1281~2
팩　스 (02)499-1283
E-mail info@bookmoon.co.kr

출판등록 1962.7.12 (제406-1962-1호)
ISBN 978-89-7482-820-2(13730)

잘못된 책은 구입하신 서점에서 교환하여 드립니다.
본 책은 저작권법에 의해 보호를 받는 저작물이므로 무단 전제와 복제를 금합니다.

활용
우즈벡인-한국어
한국인-우즈벡어
회화

문예림

집필진

김 춘 식.
　　동방학 대학교 어문학 박사
　　한중앙아시아친선협회 법인이사(현)
　　한중앙아시아인문사회연구소 연구원(현)
　　한우-우한 사전
　　포켓 한우-우한 사전
　　한국어 문법 우즈벡 번역 이외 다수 집필

G. 굴쇼다
　　동방학 대학교 한국학 박사
　　동방학 대학교 한국학과 교수(현)
　　한우-우한 사전
　　포켓 한우-우한 사전
　　한국어 문법 우즈벡 번역.

M. 나시바
　　사마르칸드 외국어 대학교 한국학 석사
　　KOICK 국제협력단 타슈켄트 근무(현)

B. 페루자
　　사마르칸드 외국어 대학교 한국학 학사
　　연세대학교 졸업
　　연세대학교 국제대학원 졸업

머리말

글을 시작하면서
한나라의 언어를 배우는 것은 결코 쉬운 것이 아닙니다.
그러나 우즈벡어는 한국어와 어순과 문법구조가 비슷하기에 배우기가 쉽고, 알타이어 계열의 언어이기에 조금만 노력하면 언어구사를 쉽게할 수 있습니다.
그리고 한국어는 과학적이고 뜻글자이면서 소리글자로 구성되었기 때문에 누구든지 쉽게 배울 수 있는 것이 한국어의 장점입니다.
우즈벡어에 익숙해 있는 사람들은 다른 나라 사람들보다 한국어를 더 쉽게 배울 수 있다고 봅니다. 왜냐하면 한국어 문법구조 있어 양국간의 어순이 비슷하므로 약간의 노력으로도 복잡한 문법만 쉽게 익숙해지면 적응될 것으로 봅니다.
지금은 글로벌시대를 맞이하여 국제결혼은 우리이웃에게서 흔히 볼 수 있는 일이며 많은 근로자들이 한국에서 근로를 하며 또한 많은 우즈벡어를 사용하는 사람들이 한국을 방문하여 직업을 위하여 또는 정착하여 살고 있는 현실로 다가온 지금에는 국제결혼한 가정에서 언어의 소통문제로 행복해야할 가정에서 어려움을 겪고 있는 안타까움을 볼 수 있습니다. 그러므로 언어 소통은 당장 해결해야 할 최우선 과제로 대두되고 있습니다. 이 작은 책이 국제결혼한 사람들과 한국을 방문하여 청운의 꿈을 이루고자 하는 많은 젊은이들에게 언어소통에 조금이나마 도움이 되고자 하는 마음으로 집필하게 되었습니다.
아직도 부족한 부분이 많은줄 알지만 차츰차츰 발전시켜 더욱 좋은 책이 되도록 필자들은 노력할 것을 약속합니다.
이 책을 만드는 도움을 준 많은 분들과 도서출판 문예림 서덕일 사장님을 비롯하여 임직원들께도 감사를 드립니다.

2015. 04.
저자 김춘식, G.굴쇼다, M.나시바, B.페루자.

Yozishni boshlayotib ...

Biror davlatning tilini o'rganish oson ish emas. Lekin o'zbek tilining gapdagi so'zlar ketma-ketligi va gramatik tarkibi koreys tili bilan bir xil bo'lganligi bois o'rganish oson hamda ular Oltoy tillari olilasigi kirganligi sababli ozgina harakat qilinsa o'zlashtirish oson bo'ladi.

Shu bilan birga koreys tili fan tomonidan ieroglif bo'lish bilan birga tovushlardan tovushlardan tashkil topganligi sababli har kim ham osongina o'rgana olishi koreys tilining qulay tomonidir.

O'zbek tilini bilgan shaxs boshqa halqlardan ko'ra koreys tilini tez o'rganadi deb o'ylayman. Chunki ikki davlatning grammatik sistemasi bo'lmish so'zlar ketma-ketligi va gramatik tarkibi bir xil bo'ib ozgina harakat qilinsa qiyin grammatik tuzilishlarni ham oson o'rgana oladilar deb o'ylayman.

Hozirda globallashiv davri ketayotgan bir vaqtda halqaro turmush qurayotganlarni ham ko'plab ko'rishimiz mumkin. Ko'plab ishchilar koreyada ishlash yoki bo'lamasa o'zbek tili ona tili bo'lgan shaxslarning koreyaga kelishi va yana halqaro turmush qurganlarning o'zaro tushinishda kelib chiqayotgan muammolarga ko'p duch kelamiz. Shuning uchun tili orqali o'zaro tushinish muammosini tezda bartaraf etish dolzarb masala xisoblanadi. Ushbu kitob halqaro turmush qurganlarga va koreyaga tashrif buyurib o'z orzularini amalga oshirish sari ilg'or qadam qoyayotgan yosh avlodga oz bo'lsada yordam bo'lishi uchun ushbu kitobni yozdim.

Haligacha to'liq bo'lmagan qismlari borligini bilaman va oz ozdan boshlab yanada rivojlantirib yana ham yaxshiroq kitob bo'lishi uchun yanda harakat qilaman deb va'da beraman.

Ushbu kitobni yaratishda o'z yordamini ayamaganlarga hamda ushbu kitobni chop etishda yordam bergan janob So Deokil va hodimlariga o'z minnatdorchiligimni bildiraman

2015. 01.

Muallif: Kim Ch.S, G. Gulshoda, Nasiba Miylieva, Feruza Buranova.

머리말

제1부 발음과 문법

제1과 발음
   I. 우즈벡어 발음   17
   O'zbek tilining talaffuz me'yorlari

      1. 알파벳 Alifbo
      2. 모음 Unli harflar
      3. 자음 Undosh harflar

   II. 한국어 발음   20
   Koreys tili talaffuz me'yorlari

제2부 주로 사용하는 단어

   I. 가족관계   71
   Oilaviy munosabatlar

   II. 숫자. 양사. 순서
   Son, sanoq son, tartib son   74

Ⅲ. 시간 Vaqt   80

Ⅳ. 나이 Yosh   87

Ⅴ. 색깔 Ranglar   89

Ⅵ. 감각에 관한 형용사들
   His tuyg'ularga oid sifat so'zlar   91

Ⅶ. 방향 Yo'nalish   93

Ⅷ. 재는 단위 O'lchov birligi   95

Ⅸ. 신체 Tana a'zolari   97

Ⅹ. 병명과 약.
   Kasalliklar va dori nomlari   100

Ⅺ. 교통수단과 장소
   Yo'l transport vositalari va joy nomlari
                                                     129

XII. 살림. Uy ro'zg'ori　　　　　　　　　134

XIII. 생활용품 Uy-ro'zg'or buyumlari　　　140

XIV. 욕실용품
　　　Yuvinish xonasida ishlatiladi-gan
　　　buyumlar　　　　　　　　　　　143

XV. 화장품 Pardoz-andoz buyumlari　　145

XVI. 아이용품
　　　Bolalar ishlatadigan buyumlar　　147

제3부 유용한 대화들

우즈벡에서 유용한 대화들
(O'zbeklarda qo'llaniladigan gaplar)

제1과 처음 만날 때
(Birinchi bor uchrashganda)　　　　　153

제2과 데이트및 신혼 첫날 밤 대화
(Uchrashuvda hamda to'ydan so'ng birinchi tunda qo'llaniladigan gaplar)   156

제3과 결혼식 때 대화
(To'yda qo'llaniladigan gaplar.)   161

제4과 식당에서 대화
(Oshxona (restoran)da suhbat)   162

제5과 이동시 대화
(Joydan-joyga siljishga oid gaplar.)   166

제6과 호텔에서 대화
(Mehmonxonadagi suhbat.)   167

한국에서 유용한 대화
(Koreyada kerak bo'ladigan gaplar)

제1과 신부 입국(공항에서)
(Kelinning tashrifi (Aeroportda))   172

제2과 신부가 시집 왔을 때
(Kelin kelinlik uyiga tashrif buyurganda.)   174

제3과 남편이 일하러 갈 때(갔다 올 때)
(Xo'jayini ishga ketayotgan vaqtida.)   176

제4과 인사(Salomlashish.)   178

제5과 질문 - 대답(Savol - javob)   183

제6과 감사. 사과
(Minnatdorchilik, Uzr so'rash.)   192

제7과 부탁. 권유.(Iltimos. Maslahat.)   194

제8과 전화걸기와 받기
(Qo'ng'iroq qilish va qo'ng'iroqqa javob berish.)   203

제9과 가격(Narh.)   206

제10과 물건사기(Narsa xarid qilish)   208

제11과 식사(Ovqatlanish)   219

제12과 몸. 병. 치료
(Tana. Kasallik. Davolanish.)   230

제13과 교통(Transport)   243

제4부 부록

한국 생활중 배우자가 유의 할 점
(Koreyada yashoyatkan kelin e'tiborga olishi kerak bo'lgan narsalar.)   257

상호간의 호칭(O'zaro munosabatlar)   262

개인의 예절(Shaxsiy etiket)   272

국기 및 국가에 대한 예절
(Bayroq va madhiyaga bo'lgan hurmat ahloq qoidalari.)   296

제1부 발음과 문법

1-qism. Talaffuz va grammatika

제1과 발음

Ⅰ 우즈벡어 발음

1. 우즈벡 알파벳(우즈벡어 자음 모음)

차례	활자체	명칭	발음	영어표기
1	A a	a 아	(a) 아	a
2	B b	be 베	(b) ㅂ	b
3	V v	ve 붸(웨)	(v) ㅂ	v
4	G g	ge 게	(g) ㄱ	g
5	D d	de 데	(d) ㄷ	d
6	Ye ye	ye(ye) 예	(e) 예	ye
7	Yo yo	yo'(yo') 요	(jo) 요	yo
8	J j	je 제(줴)	(ʒ) ㅈ	j
9	Z z	ze 제	(z) ㅈ	z
10	I i	i 이	(i) 이	i
11	Y y	y	(j) 이	j
12	K k	ka 까	(k) ㄲ	k
13	L l	el' 엘	(l) ㄹ	l
14	M m	em 엠	(m) ㅁ	m
15	N n	en 엔	(n) ㄴ	n
16	O o	o 오	(o) 오	o
17	P p	pe 뻬	(p) 쁘	p
18	R r	re 에르	(r) ㄹ	r
19	S s	se 에스	(s) ㅆ	s
20	T t	te 떼	(t) ㄸ	t
21	U u	u 우	(u) 우	u

22	F f	fe 에프	(f) ㅍ	f
23	X x	xe 하	(x) ㅎ	x
24	Ts ts	se 쩨	(ts) ㅉ	ts
25	Ch ch	che 체(체)	(tʃe) 치	ch
26	Sh sh	sh 샤(쇼)	(ʃ) 시	sh
27	E e	e 에		
28	Yu	yu 유	–	yu
29	Ya	ya 야	(ɨ) 의	y
30	O' o'	o' 우	–	-
31	Q q	qe 크	(e) 에	e
32	G' g'	g'e ㅋㅎ	(ju) 유	ju
33	H h	he 흐	(ja) 야	ja
34	'	* "'"을 발음할 때 숨을 잠깐 끊어야 한다. 예) a'lo (a-lo)	(e) 에	e
32	G' g'	g'e ㅋㅎ	(ju) 유	ju
33	H h	he 흐	(ja) 야	ja
34	* "'"을 발음할 때 숨을 잠깐 끊어야 한다. 예) a'lo (a-lo)			

(우즈벡어 글자)	Koreyscha talaffuz (한국어로 발음)
A a	아 ana(아나) 저기(있다), agar (아가르) 만약
B b	ㅂ (브) bola(볼라) 아이
D d	ㄷ (드) daftar(다프타르) 공책
E e	에 echki(에치크) 염소
F f	ㅍ fil (필~)코끼리 (한국어에 없는 발음으로 'ㅍ' 발음하고 비슷함) Farg'ona(파르고나) 페르가나 (도시 이름), Feruza(페루자) 여자 이름
G g	ㄱ (그) gul(굴) 꽃, Gulshoda(굴쇼다) 여자 이름
H h	ㅎ (흐) handalak(한달락) 참외, hozir(호지르) 지금

I i	이 (이, 으)(때로는 '―' 발음하고 비슷하게 발음할 때도 있음) ilon(일론) 뱀, bir(브르)하나
J j	ㅈ (즈) jo'ja(조쟈) 병아리, jadval(자드발) 스케줄, 계획
K k	ㅋ(크) kerak(케락) 필요하다, kalta(칼타) 짧다
L l	ㄹ (ㄹ) lekin(레킨) 하지만, lola(롤라) 튤립
M m	ㅁ (므) mahalla(마할라) 동네, maktab(막답) 학교
N n	ㄴ (느) narsa(나르사) 물건, natija(나티자) 결과
O o	어, 오 ona(어나) 어머니, omad(오맏) 운
P p	ㅍ (프) paxta(파흐타) 목화, palto(팔토) 코트
Q q	ㅋ(크) (한국어에 없는 발음으로 목에 걸리게 발음해야 함) qovun(코분) 참외, qaramoq(카라**목**) 보다
R r	ㄹ (르) rahmat(라흐맡) 고맙다, raqs(라크스) 춤
S s	ㅅ (스) sabab(사밥) 이유, savdo(사브도) 거래
T t	ㅌ (트) tajriba(타즈리바) 경험, temir(테미르) 철
U u	우 uzum(우줌) 포도, uzuk(우쥭) 반지
V v	ㅂ(브) (한국어에 없는 발음으로 'ㅂ' 발음하고 비슷함) vaqt(바크트) 시간, vatan(바탄) 나라
X x	ㅎ(흐) (한국어에 없는 발음으로 'ㅎ' 발음을 더 목에 걸리게 세게 발음해야 함) 감, xat(하트) 편지, xayr(하이르) 안녕히 가세요
Y y	이 yo'tal(요탈) 기침, yaxshi(야흐시) 좋다
Z z	ㅈ(즈) (한국어에 없는 발음으로 'ㅈ' 발음보다는 약하게 발음해야 함) zira(즈라) 향료, zebra(제브라) 노새
O' o'	오 o'rdak(오르닥) 오리, o'zbek(오즈벡) 우즈벡
G' g'	ㄱ (그) (한국어에 없는 발음으로 'ㄱ' 발음을 목에 걸리게 세게 발음해야 함)g'oz(거즈) 거위, g'arb(가르브) 서양
Sh sh	ㅅ (시) shahar(샤하르) 도시, shamol(샤몰) 바람
Ch ch	ㅊ cho'l(출) 사막, chaqmoq(차크목) 번개치다
Ng ng	응 bodring(보드링) 오이, chang(창~) 먼지
' (tutuq belgisi)	문장 부호. 단어를 끊어서 읽는다. qal'a(칼'- 아) castle, ta'rif(타'-리프) 설명

II 한국어 발음(Koreyscha talaffuz)

1. 한글의 자음과 모음(Koreys tilida undosh va unli harflar.)

undoshlar	so'z boshida	harf nomi	so'z oxirida	transkriptsiyasi
ㄱ	g, gh	기역	k	giyok
ㄴ	n	니은	n	niin
ㄷ	d, dh	디귿	t, d	digit
ㄹ	r	리을	l'	riil'
ㅁ	m	미음	m	miim
ㅂ	b, bh	비읍	b, p	pxiip
ㅅ	c	시옷	s, t	shiot
ㅇ	-	이응	n	iin
ㅈ	j'	지읒	j, t	tigit
ㅊ	ch	치읓	t	chiit
ㅋ	kh	키읔	k	kxiik
ㅌ	th	티귿	t	txiit
ㅍ	ph	피읖	p	pxiip
ㅎ	x	히읗	x	xiit
ㄲ	k	쌍기역	k	sangxio'k
ㄸ	t	쌍디귿	t	sangtigit
ㅃ	p	쌍비읍	p	sanpxiip
ㅆ	ss	쌍시옷	t	sanshio't
ㅉ	jiyt	쌍지읒	t	sanjiit

unlilar	transkriptsiyasi	harf nomi	so'z oxirida	transkriptsiyasi
ㅏ	a	아	a	a
ㅑ	ya	야	ya	ya
ㅓ	o	어	o	o
ㅕ	ye, yo	여	ye, yo	ye, yo
ㅗ	o'	오	o'	o'
ㅛ	yo'	요	yo'	yo'
ㅜ	u	우	u	u
ㅠ	yu	유	yu	yu
ㅡ	y	으	iy	iy
ㅣ	i	이	i	i
ㅐ	e	애	e	e
ㅒ	ye	얘	ye	ye
ㅔ	e	에	e	e
ㅖ	ye	예	ye	ye
ㅚ	we	외	we	we
ㅟ	wi	위	wi	wi
ㅢ	iy	의	iy	iy
ㅘ	wa	와	wa	wa
ㅝ	wo	워	wo	wo
ㅙ	we	왜	we	we
ㅞ	we	웨	we	we

III 한국문법

Mustaqil so'z turkumlari. Ot 명사

Otlar atoqli va turdosh otlarga bo'linadi. Gapda bosh va ikkkinchi darajali bo'lak hamda undalma vazifasida keladi:
선생님, 오늘 일찍 집에 가면 되요?
Bir turdagi predmetlarning umumiy nomini bildirgan otlar turdosh ot deb ataladi:
예: 사랑 muhabbat, 사람 odam, 책 kitob, 나무 daraxt, 학생 talaba.
공원에는 나무가 많습니다.
Bog'da daraxt ko'p.
학생들이 운동장에서 축구를 하고 있습니다.
Talabalar maydonchada futbol o'ynayapti.
Ayrim shaxs yoki predmetlarga atab qo'yilgan nomlar atoqli ot deyiladi. kishilarning ismi, familiyasi, geografik nomlar, tarixiy voqealar, kitob, gazeta, jurnal, kinofilim nomlari atoqli otlardirdir.
Ko'pgina tillarda atoqli otlar katta xarflar bilan yozilsa-da, koreys tilida bosh xarflar yo'q.
타슈켄트는 우즈베키스탄의 수도입니다.
Toshkent O'zbekistonning poytaxti.
무하밧이라는 이름의 뜻이 사랑입니다.
Muhabbat degan ismning ma'nosi sevgi.

Otlarning xususiyatlari 명사의 특징
Koreys tilida otlar kelishik qo'shimchalarini olib gap bo'laklari bo'lib keladi. Koreys tili agglyutenativ til bo'lgani uchun, har qanday so'z yasovchi, so'z o'zgartiruvchi qo'shimchalarni olsa-da, so'z o'zagi o'zgarmay qoladi. Bu uning o'ziga xos xususiyatidir. Koreys tilida rod qo'shimchasi yo'q. Otlar ko'plik qo'simchasi ~들 undan keyin egalik qo'shimchasi ~이 ni oladi. Shuningdek, ot kesim bo'lib keladigan holatda o'zbek tiliga tarjima qilinmaydigan —이다 qo'shimchsi va uning turli zamondagi shakllarini oladi. —이다 qo'shimchasi bizda mavjud kesimlilik qo'shimchasi —dir ga yaqin tursada, doimo tarjima qilinavermaydi: 안바르는 학생입니다.
Anvar talaba. 산 립에서 동물들이 많이 있다.
Tog' o'rmonida hayvonlar ko'p.
Agar gap I shaxs haqida borayotgan bo'lsa, otga qo'shuluvchi —이다 qo'shimchasi

Ishaxs birlik va ko'plikda —man, —miz, deb tarjima qilinadi:
나는 후르얏이라는 신문 기자입니다. Men "Huriyat" gazetasining muxbiriman.
둘이 친한 친구입니다. Biz qalin do'stlarmiz.
Koreys tilida ham birlikda qo'llaniladigan va mavhum ot turlari mavjud.
예: 물, 기름, 사랑, 운, 생활.

Koreys tilida otlar yasalishi 파생명사
Koreys tilida ot yasovchi qo'shimchalar.
예: 아름답다 guzal — 아름다움 go'zallik, 느끼다 his qilmoq — 느낌 hissiyot.
—ㄴ/는 것 va —기 yasovchilari fe'l va sifatdan ot emas, harakat nomi yasaydi. Ot yasash usullari:
1. —이: 넓이, 길이, 높이, 깊이, 놀이, 먹이, 개구리, 뻐꾸기.
2. —ㅁ/음: 웃음, 울음, 믿음, 기쁨, 슬픔, 삶.
3. —개/게: 덮개, 지우개, 찌개, 지개, 집개.
4. —질: 가위질, 톱질, 부채질, 이간질, 도둑질.
5. —보: 잠보, 겁보, 꾀보, 털보, 울보, 느림보.
6. —꾸러기: 잠꾸러기, 심술꾸러기, 욕심꾸러기.
7. —쟁이: 멋쟁이, 거짓말쟁이, 욕심쟁이.
8. —자(者): 기술자, 과학자, 학자, 지휘자.
9. —사(師): 이발사, 미용사, 교사, 목사.
10. —수(手): 가수, 기수, 나팔수, 목수, 조수.

Koreys tilida otlarning maxsus qo'llanilishi 명사의 특별한 쓰임
Quyidagi kelishik qo'shimchalini olib, fe'l va atributiv so'zlardan keyin keladi. Bu otlar ko'pincha tarjima qilinmaydi, tarjima qilinganda ravish, modal so'z, fe'l, sifat tarzida bo'ladi.

1. 모양 shekilli, aftidan, chamasi
Bu ot ro'y berayotgan ish va voqeani holat yoki tasvirni ifodalaydi. Biroq quyidagi otlarning qo'llanilishida so'zlovchi yoki kimningdir holati yoki ahvolini tasdiqlashda ishlatiladi.
*F. O' 〈동사어간〉 ㄴ/ㄹ/은/는/을 모양이다
*F. O'. Fe'l o'zagi.
예: 집에 아무도 없는 모양입니다.

Uyda hech kim yo'qqa o'hshaydi
밖에 비가 오는 모양입니다.
Ko'chada yomg'ir yog'ayapti, shekilli.
안바르는 방에 자는 모양입니다.
Anvar xonasida uxlayotganga o'xshaydi.
학생들이 시험을 잘 본 모양입니다.
Talabalr imtihonni yaxshi topshirganga o'xshaydi.
그녀가 자기 결혼도 늦는 모양입니다.
U o'zini to'yiga ham kechikadiganga o'xshaydi.

2. 일 Ba'zida, gohida, qachonlardir

Bu so'z aslida "ish, yumush, mashg'ulot" ma'nosini beradi, ammo quyidagi shakllar bilan qo'llanganda aytgan fikrni o'tgan zamonda bo'lib o'tganini anglatadi.va "bir vaqtlar, —gan vaqtim, —gan joyim, qachonlrdir," yoki uzoq o'tgan zamon qo'shimchasi tarzida tarjima qilinadi.

F, O' 〈동작동사어간〉 ㄴ/은/는 일이 있다/ 없다

예: 저는 사마르칸트에 가 본 일이 있습니다.
　　Men bir vaqtlar Samarqandga borganman.
　　언젠가 그 그림을 본 일이 있습니다.
　　Qachonlardir bu rasmni ko'rganman.
　　그 분은 담배를 피우는 일이 없습니다.
　　U kishi sigaret chekmasdi.
　　저는 그 친구와 싸운 일이 없습니다.
　　Men u do'stim bilan sira urushmaganman.

3. 길 yo'l

Bu otning asl ma'nosi yo'l, yo'nalish bo'lsa—da, fe'l bilan qo'shilib kelganda qandaydir ish harakatning ma'lum vaqtda ro'y berishini anglatadi. O'zbek tiliga tarjima qilinganda zamoniga qarab —ganda, (—ganimda, —gandim)deyish mumkin, yoki umuman tarjima qilinmaydi. Bu gapning mazmunidan aniqlanadi.

F, O' 〈 동작동사어간〉 는 길이다

예: 어디 가시는 길이세요? Qayerga borayapsiz?
　　일을 끝내고 집으로 가는 길입니다. Ishni tugatib uyga qaytayapman.
　　학교에 가는 길에 선생님을 만났어요.

Maktabga borayotganimda o'qituvchini uchratdim.
지금 나가는 길이니까 밖에서 만나요.
Hozir ko'chaga chiqib ketayotgandim, ko'chada uchrashaman.
지금 극장에 가는 길인데 같이 가시겠어요?
Hozir teatrga borayotgan edim birga borasizmi.

4. 셈 Hisob

셈 so'zining ma'nosi hisob bo'lib quyidagi tuzulmalarda so'zlovchining biror bir ish harakatga fikrini bildiradi. Shuningdek taxmin va xohishni bildiradi. Tarjima qilinganda –deb hisoblamoq, xohlamoq, o'hshamoq degan ma'nolarni beradi. Kesim o'rnida keluvchi so'z o'zagiga qo'shiladi.
K ㄴ/ㄹ/은/는/을 세밉니다
예: 이제 이 학기는 거의 끝난 셈입니다.
　　Endi bu semester deyarli tugadi hisob.
　　그 시장은 비교적 싼 셈입니다.
　　Bu bozorni taqqoslaganda arzonga o'xshaydi.
　　올해는 별로 춥지 않은 셈입니다.
　　Bu yil unchalik sovuq emasga o'xshaydi.
　　서울은 텔레비전으로도 보고 사진으로도 가 본 셈입니다.
　　Seulni televizorda ham, rasmda ham ko'rib, borib ko'rdim hisobi.

5. 때 vaqt

Bu ot vaqt ma'nosini bildiradi, ba'zan quyida yozilgandek qo'llanadi. Tarjimasi, vaqtda, ~da, bo'lganida.
F, O' 〈동사어간〉 (으)ㄹ 때
예: 아플 때는 집에서 쉬세요.
　　Kasal bo'lganingizda uyingizda dam oling.
　　무슨 일을 할 때는 시작이 가장 중요합니다.
　　Har qanday ishni qilayotganda boshlab olish eng muhimidir.
　　시간이 있을 때 우리 집에 오세요.
　　Vaqtingiz bo'lganida bizning uyga boring.
　　어려울 때 도와주는 친구가 가장 진정한 친구입니다.
　　Qiyinchilikda yordam bergan do'st haqiqiy do'stdir.

Olmosh 대명사

Ot, sifat, son, ravish kabi so'z turkumlari o'rnida qo'llanilib, ularni ko'rsatishga xizmat qiluvchi va ularning ko'rsatishga xizmat qiluvchi va ularning vazifasini bajaruvchi so'z turkumi olmosh deyiladi. Olmoshlarning ko'pchiligi alohida olinganda juda umuiy mavhum ma'noga ega bo'ladi. Koreys tilida kishilik (인칭대명사), ko'rsatish (지시대명사), so'roq (의문대명사), egalik (소유대명사) olmoshlari mavjud.

① Kishilik olmoshlari (인칭대명사)

Kishilik olmoshi faqat shaxs o'rnida qo'llaniladi. Uning ko'plik va birlik shakllari o'zaro farqlanadi. Koreys tilida kishilik olmoshlarining eng muhim xususiyati xurmat shakllari quyidagi jadvalda ko'rsatilgan. 7-jadval,

shaxs 인칭	daraja 계층	birlik 단수	ko'plik 복수
I shaxs 1 인칭	oddiy shakl 예사말	나 men	우리(들) Bizlar
	oddiy va kamtarona shakl 낮춤말	저 men	저희(들) bizlar
II shaxs 2 인칭	oddiy shakl 예사말	너 sen, siz	너희(들) sizlar
	ehtirom(hurmat) shakli 높임말	당신 siz	당신(들) sizlar
III shaxs 3 인칭	oddiy shakl 예사말	이/그/저 사람	이/그/저 사람들 ular
	높임말	이/그/저 분 u kishi	이/그/저 분들 u kishilar

I shaxsda hurmat shakli 높임말, II-III shaxslarda 낮춤말 (kamtarona shakl bo'lmaydi).

Eslatma 1:
나 + 가 = 내가　　저 + 가 = 제가　　너 + 가 = 네가
나 + 의 = 내　　　저 + 의 = 제　　　너 + 의 = 네
나 + 에게= 내개　저 + 저게= 제게　너 + 에게 = 네게

예: 너는 내 시계가 어디에 있는지 아니?
　　Sen meni soatimni qayerda ekanligini bilasanmi?
　　제가 다시 말씀드리겠습니다.

Men sizga qayta aytib beraman.
가족 모두는 저에게 소중한 사람들입니다.
Barcha oila a'zolarim menga qadrli kishilar.
그 분에게 다시 전화하십시오.
U kishiga yana telefon giling.

② Ko'rsatish olmoshi 지시대명사

이, 그, 저 ko'rsatish olmoshlari qandaydir bir elementga qo'shilib keladi. 이 ko'rsatish olmoshi so'zlovchiga yaqin bo'lgan buyum, joy va hokazolarni ko'rsatsa, 그 olmoshi esa so'zlovchi va tinglovchiga yaqin joylashgan narsani, 저 olmoshi esa so'zlovchiga ham, tinglochiga ham uzoq bo'lgan narsa, joy va hokazalarni ko'rsatadi. Ko'rsatish olmoshi ob'yektga aramligiga qarab, ya'ni ko'rsatishiga ko'ra yana guruhlarga bo'linadi.

1) Buyum-narsalarni ko'rsatish olmoshlari 사물지시대명사

8-jadval.

종류 tur		근칭 yaqin joy	중칭 o'rta masofa	원칭 uzoq joy
형태 shakl	단수 birlik	이것 (bu narsa)	그것 (u narsa)	저것 (ana u narsa)
	복수 ko'plik	이것들 (bu narsalar)	그것들 (u narsalar)	저것들 (ana u narsalar)

Eslatma 2: Ushbu olmosh kelishik qo'shimchalari bilan qo'shilganda qisqargan shaklda bo'lishi mumkin:

이것이 → 이게   이것은 → 이건   이것을 → 이걸
그것이 → 그게   그것은 → 그건   그것을 → 그걸
저것이 → 저게   저것은 → 저건   저것을 → 저걸

예: 바로 그것이 (그게) 제가 찾던 사진입니다.
　　Aynan mana shu men izlayotgan rasm.
　　그것은 (그건) 새로 나온 잡지입니다.
　　Bu yangi chiqqan jurnal.
　　이것들은 모두 제가 좋아하는 노래들입니다.
　　Bularning hammasi men yoqtiradigan qo'shiqlar.

2) Joyni ko'rsatish olmoshi 장소지시대명사

Bu olmoshlar joyni ko'rsatadi.

9-jadval.

종류 tur	근칭 yaqin joy	중칭 o'rta masofa	원칭 uzoq joy
형태 shakl	여기 bu yer	거기 u yer	저기 ana u yer
	이곳 bu joy	그곳 u joy	저곳 ana u joy

Eslatma 3: Ushbu olmoshga qo'shimchalar qo'shilganda qisqargan shaklda kelishi mumkin:

여기는 → 여긴   거기는 → 거긴
여기를 → 여길   거기를 → 거길
저기는 → 저긴   저기를 → 저길

예: 여기는 (여긴) 우리의 세계 언어 대학교입니다.
Bu bizning Jahon tillari universiteti.
저기는 (저긴) 제가 어릴 때 살았던 집입니다.
Anavi men yoshligimda yashagan uy.
거기에 무엇이 있습니까? U yerda nima bor?

③ So'roq olmoshlari 의문대명사

So'roq olmoshlari predmet, uning belgisi va miqdori ish harakatning o'rni, payti va boshqa xususiyatlari haqida so'roqni bildiradi.

10-jadval.

의문의 대상 so'roq ob'ekti	사람 odam	장소 son	양 son	사물 narsa
shakl 형태	누구	어디	얼마	무엇

! 누구 va 아무 kishilik olmoshlari ravish ham bo'la oladi. 아무 olmoshi bo'lishsiz kishilik olmoshdir.

Eslatma 4: Ushbu olmoshlarga qo'shimchalar qo'shilganda qisqargan shaklda kelishi mumkin.

누구 + 가 = 누가   무엇 + 이 / 가 = 뭐가
누구 + 를 = 누굴   무엇 + 을 = 뭘
예: 얼마나 더 기다리면 표를 살 수 있습니까?
　　Yana qanchalar kutsam bilet sotib olishim mumkin?
　　공원에 누굴 만났습니까?
　　Parkda kimni uchratdingiz.
　　어디에서 전시회가 열립니까?
　　Ko'rgazma qayerda ochiladi.
　　당신에게 무엇이 필요합니까?
　　Sizga nima kerak?
　　그 집에는 아무도 살지 않아요.
　　U uyda hech kim yashamaydi.

Son 수사

Sonlar mustaqil ma'noli tobe so'zlardan iborat bo'lib, predmetning miqdorini va tartibini ko'rsatadi. Qancha, necha, nechanchi? kabi so'roqlarga javob bo'ladi. Koreys tilida sonlar qadimdan koreys va xitoy tilidan o'zlashgan sonlariga bo'linadi. Ularning qo'llanish usullari turlichadir. M–n: soatni aytganda koreyscha sonda, daqiqani aytganda xitoy sonlaridan foydalaniladi, yoshni aytganda koreyscha sonda, yil, oy, kun sanalarni aytganda xitoy sonlari ishlatiladi. Narsa, buyumlarni donalab aytganda 100gacha koreys sonida, 100 dan oshgach xitoy sonidan foydalaniladi.
Sonlar ma'no xususiyatiga va grammatik belgilariga ko'ra ikkiga bo'linadi: 1–miqdor son (기수사), 2–tartib son (서수사) tuzilishiga ko'ra sodda va qo'shma sonlarga ajratiladi. Sodda sonlar bir o'zakdan iborat bo'ladi: 하나, 둘, 셋, 넷 (일, 이, 삼, 사). Qo'shma sonlar ikki va undan ortiq o'zakdan iborat bo'ladi. 이십, 삼십, 사백.

① **Miqdor son 기수사**
　1. Qadimgi koreys sonlari 순 한국어 기수사
　Miqdor sonlar narsani miqdorini sanash yo'li bilan aniqlaydi. Miqdor sonlar sanalishi mumkin bo'lgan har qanday narsani miqdorini ko'rsatadi.

1) 1 하나　　　　　8 여덟　　　　　60 예순

2 둘	9 아홉	70 일흔
3 셋	10 열	80 여든
4 넷	20 스물	90 아흔
5 다섯	30 서른	99 아흔 아홉
6 여섯	40 백	100 백
7 일곱	50 쉰	

100gacha koreys sonida, 100 dan narsalar hisobida xitoy sonlaridan foydalaniladi.

2) Biror bir narsani sanaganda ishlatiladi, sanoq so'z bo'lib kelgan o'zlashma so'zlardan foydalaniladi. Bunday vaqtda to'rtta raqam 하나, 둘, 셋, 넷 – 한, 두, 세, 네 deya o'zgaradi.

! Koreys tilida son va sanoq so'z va sanoq so'zlar aniqlanmishdan keyin qo'yiladi.

예: 우유 한 잔
  bir stakan sut,
  물 두 컵
  ikki stakan suv,
  국 여섯 그릇
  olti kosa sho'rva,
  꽃 다섯 송이
  besh dona gul.

Bir vaqtning o'zida ikki va undan ortiq sonlar o'zgarib qo'llaniladi.
예: 양복 한 두 벌
  ikki juft kostyum,
  강아지 서 너 마리
  uch-to'rtta kuchukcha.

2. Xitoy tilidan o'zlashgan miqdor sonlar. 한자어 기수사
  Quyidagi sonlar xitoy tilidan o'zlashgan, alohida o'qiladi.

1 일	3 삼	5 오	7 칠	9 구	20 이십	1000 천	1000000 백 만
2 이	4 사	6 육	8 팔	10 십	100 백	10000 만	1000000000 억

Koreys va xitoy sonlari o'zining turlicha qo'llanilishiga ega. M: ular yil, oy, kun, bo'lak

ma'nosini bildirgan son va sanoq so'zlar bilan qo'llanadi.
예: 2005년 3월 15일 이천 오년 삼월 십오일,
   20쪽 이십 쪽 20 bo'lak,   600g 육백 그램 600 gramm,
   15km 십오 킬로미터 15 kilometr 3 인분=삼 인분 3 portsiya Eslatma 2: vaqtni aytish soat, yosh, narsalarning hisobi koreys sonlarida, minut, yil, oy, kun sanalar xitoy sonlarida aytiladi.
   2시 15분 – 두 시 십오 분
   7시 30분 – 일곱 시 삼십 분(반)
   12시 45분 열 두 시 사십오 분
   Bu vaqtda
   하나 → 한 시   둘 → 두 시, 열 한 시
   셋 → 세 시   넷 → 네 시. tarzida qisqartirib ishlatiladi.

② **Tartib sonlar 서수사**
1. Qadimgi koreys tartib sonlari tuzilmasiga ko'ra tartib son + (번)째 qo'shiladi. Bunda 하나(한) raqami 첫 bilan almashadi. to'rtta raqam esa o'zgaradi.
예: 첫(번)째 birinchi,   두(번)째 ikkinchi,
    세(번)째 uchinchi,   네(번)째 to'rtinchi,
    다섯(번)째 beshinchi,   여섯(번)째 oltinchi,
    스무(번)째 yigirmanchi,   마흔(번)째 qirqinchi.

2. Xitoy tilidan o'zlashgan tartib sonlar 한자어 서수사
   제일 birinchi,   제사 to'rtinchi
   제이 ikkinchi,   제십 o'ninchi
   제삼 uchinchi,   제백십이 bir yuz o'n ikkinchi
예: 저희 집은 골목 첫 번째 집입니다.
    Bizning uyimiz tor ko'chaning 1-uyi.
    이 책은 세 번째 읽는 책입니다.
    Bu kitob uchinchi o'qiyotgan kitobim.
    오늘은 제 7 과를 공부하겠습니다.
    Bugun 7-darsni o'rganamiz.
    저기 앞에서 여섯 번째 자리가 내 자리입니다.
    Anavi oldindagi 6-joy meniki.

3) Koreys sonlarida oy-kunlari quyidagicha bo'ladi:

1일 하루	11일 열하루
2일 이틀	12일 열이틀
3일 사흘	21일 스무하루
4일 나흘	22일 스무이틀
5일 닷새	23일 스무사흘
6일 엿새	27일 스무이레
7일 이레	29일 스무아흐레
8일 여드레	30일 그믐
9일 아흐레	초하루 va 그믐 oyning 1 va oxirgi kunini bildiradi.
10일 열흘	Shuningdek, oyning 15-kunini 보름 deb aytiladir.

③ Koreys tilida sanoq so'zlar ko'p uchraydi:
  1. 나무- 그루   -ta, (daraxlarga)
  2. 개, 고양이(동물)- 마리 bosh, -ta(hayvonlarga)
  3. 파, 꽃- 묶음 bog'lam, dasta
  4. 종이- 장 qog'oz – varaq,
  5. 커피, 물- 잔 suyuqlikka (stakan),
  6. 자동차- 대 (og'ir narsaga),
  7. 책- 권 kitob dona,
  8. 양말 – 켤레 paypoq juft,
  9. 연필, 볼펜- 자루 qalam-dona,
  10. 양복 (옷)-벌 kiyim komplekt, -ta(kiyimga)
  11. 투입- 송이 gullar uchun dona,
  12. 음식- 분 quyuq ovqatlar uchun,
  13. 음식- 그릇 chuqur idishli ovqat uchun,
  14. 집 – 채 uy bitta,
  15. 배 – 척 kema bitta,
  16. 편지- 통 xat – bitta,
  17. 포도- 근 uzum – bosh,
  18. 꽃 – 다발 gul-buket,
  19. 연필- 다스 12 dona qalam- to'plam,
  20. 방 – 칸 xona – bitta.

예:
- 소 두 마리 ikki bosh mol.
- 꽃[열쇠] 한 묶음 bir dasta gul [kalit].
- 물을 두 잔 마시다 ikki stakan suv ichmoq.
- 책 한 권 bitta kitob.
- 양복 두 벌 ikki juft kostyum.
- 배 한 척 bitta kema.
- 꽃 한 다발 bir buket gul.
- 맥주 두 병 ikki shisha pivo.

Sifat (형용사)

① Sifat deb predmetning belgisini bildirib qanday, qanaqa so'roqlariga javob bo'ladigan so'z turkumiga aytiladi.

1) Sifatning ma'nosi va grammatik belgilari.
   Sifat so'zlar predmetning belgisi va xususiyati, sifatini anglatadi.

2) Sifatning yasalishi.
   Sifatlar ikki xil usul bilan yasaladi: qo'shma sifatlar (복합형용사), yasalgan sifatlar (파생형용사).

Qo'shma sifat 복합형용사:
1. 명사+형용사(주어+서술어): 값싸다, 배부르다, 맛나다, 입바르다, 올곧다.
2. 명사+형용사(부사어+서술어): 눈설다, 남부끄럽다, 남다르다, 번개같다.
3. 형용사 어간+형용사: 굳세다, 검붉다, 검푸르다, 희멀걸다.
4. 반복어: 크나크다, 머나멀다, 붉디붉다, 검디검다.
Ko'rib chiqqanimizday qo'shma sifatlar ot va sifatning yoki sifat va sifat, takror so'zlarni qo'shish yo'li bilan yasaladi.

Yasama sifatlar. 파생형용사
1. -롭-: 향기롭다, 해롭다, 슬기롭다, 지혜롭다.
2. -답-: 정답다, 꽃답다.
3. -수럽-: 복스럽다, 탐스럽다, 어른스럽다, 창피스럽다.

4. -하-: 깨끗하다, 부지런하다, 조용하다, 튼튼하다.
5. -지-: 값지다, 멋지다, 그늘지다, 기름지다, 살지다.
6. -다랗-: 굵다랗다, 좁다랗다, 커다랗다.
Yasama sifat so'zlar asosan yuqorida ko'rsatilgan yasovchilar yordamida yasaladi.

② **Sifatlovchi so'zlar 관형사**

Sifatlovchi so'zlar ot so'z turkumi oldidan kelib, uning mazmunini aniqlaydi. Ular qo'shimcha olmaydi va turlanmaydi. Sifatlovchi so'zlar doirasiga otdan sifat yasovchi ba'zi qo'shimchalarni kirirtish mumkin.

ko'rsatuvchi sifat so'zlar 지시관형사	이/그/저(런), 어느, 아무
hisoblovchi sifat so'zlar 수관형사	한, 두... 모든, 여러, 몇, 첫째, 둘째
xusuyatli sifat so'zlar 성질관형사	새, 헌, 옛, 윗, 어느, 아무, -적

1) Ko'rsatuvchi sifatlovchi so'zlar 지시관형사
   Bu so'zlar predmetning holati va xarakterini ko'rsatadi.
   예: 이런 일은 하지 않은 것이 좋겠습니다.
       Bu ishni qilmasang yaxshi bo'ladi.
       어느 쪽으로 가야 우체국이 나옵니까?
       Qaysi tomonga borsa pochta chiqadi.
       아무 사람에게나 문을 열어 주지 마세요.
       Har kimga ham eshikni ochmang.

2) Hisoblovchi sifatlovchi so'zlar 수관형사
   Asosan ot oldidan keladi, predmetning tartibi va hisobini ifodalaganda qo'llaniladi.
   예: 모든 사람이 회의에 참석하셨습니다.
       Hamma odam majlisga qatnashdi.
       첫째 언니는 의사입니다.
       Birinchi opam vrach.

3) Xususiyatli sifatlovchi so'zlar 성질관형사
   Xususiyatli sifatlovchi so'zlar ot oldidan kelib uning xususiyati haqida so'raydi.
   예: 요즘 어떤 일을 하십니까?
       Hozirda qanday ish qilayapsiz?

저 새 책은 누구의 것입니까?
Anavi yangi kitob kimniki?
요즘 경제적 문제가 심각합니다.
Keyingi vaqtda iqtisodiy muammolar jiddiy bo'lib turibdi.

Eslatma! 1: Sifatlovchi so'zlarning bosh so'z turkumlaridan farqi
관형사와 다른 품사와의 구별
Sifatlovchi so'zlarning boshqa so'z turkumlari bilan oson adashtirib qo'yish mumkin. Sifatlovchi so'zlar farqli xususiyatiga ko'ra qo'shimchalar olmaydi.

1) Oldingi so'z qo'shimcha bilan kelsa bu ot so'z turkumiga oid qo'shimcha mavjud bo'lmasa bu sifatlovchi so'z hisoblanadi.
   예: 이것은 자동차입니다.
   Bu mashina. (olmosh 대명사).
   이 자동차는 내 것입니다.
   Bu mashina meniki. (sifatlovchi so'z 관형사).
   아무 사람에게나 물어보세요.
   Biror odamdan so'rab ko'ring. (관형사).
   제 집에는 아무도 없어요.
   Meni uyimda hech kim yo'q. (대명사).
Sifatlovchini farqlashning eng oson usuli shu so'zdan keyin sifatlanmishning kelishidir.

2) Agar sifatlovchi so'z fe'l oldidan kelsa u ravish bo'ladi, agar ot so'z turkumlarini aniqlab kelsa, sifalovchi so'z hisoblanadi.
   예: 가급적 빨리 가세요.
   Iloji boricha tezroq boring. (ravish 부사)
   사회적 문제가 많아요.
   Ijtimoiy muammolar ko'p. (sifatlovchi so'z 관형사)

Eslatma 2: Sifatlovchi so'zlarning tartibli joylashuvi. 관형사의 순서
Agar ketma-ket 3ta sifatlovchi so'z kelsa ular quyidagicha joylashtiriladi: ko'rsatuvchi sif. so'z+hisoblovchi sif. so'z+xususiyatli sif. so'z.
예: 이 새 책은 누구의 것입니까?

Bu yangi kitob kimniki?
저 두 사람은 우리 학교 학생입니다.
Anavi ikkita kishi bizning maktab o'quvchilari.
저 한 외딴집에 누가 살까?
Anavi bitta yolg'iz uyda kim yashar ekan-a?

Fe'l (동사)

1) Fe'lning ma'nosi va grammatik belgilari
Predmetning ish-harakatini jarayon tarzidagi holatini anglatuvchi so'zlar fe'l deyiladi. Ular gapda ko'pincha kesim vazifasida kelib turli zamonlarni oladi. Koreys tillida ham fe'llar (동사) tuslanishiga ko'ra to'g'ri tuslanuvchi va noto'g'ri tuslanuvchi fe'llarga bo'linadi. Ma'no xususiyatiga ko'ra asosiy va yordamchi fe'llarga bo'linadi. Asosiy fe'llar faqat o'z ma'nosida keladi, ko'makchi fe'llar esa odatda asosiy fe'lga qo'shilib qo'shimcha grammatik ma'no beradi. Ular "bajarilish usuli, takroriylik, davomiylik, boshlanish" kabilardir. Bunday analitik shakllar 2ga bo'linadi: 1) ko'makchi fe'lli analitik shakl; 2) to'liqsiz fe'lli analitik shakl.
Fe'lning noaniq shakli infinitivda fe'l o'zagiga -다 qo'shilgan bo'ladi.

① Faol fe'llar
1) Faol fe'llar 동작동사 predmet yo shaxsning harakatini bildiradi.
예: 아이들이 과자를 먹는다.
  Bolalar pechenye yeyapti.
  난 그녀를 사랑합니다.
  Men uni yaxshi ko'raman.
  그 아기는 잠을 잡니다.
  U bola uxlayapti.
  지금 집에 갈 겁니다.
  Hozir uyga ketaman.

2) "있다, 없다" 동사 to'liqsiz fe'l
있다 fe'li mavjudlik, borlikni va egalik ma'nosini beradi. 있다 fe'li gap mazmuniga qarab sof fe'l sifatida kelib, buyruq va darak shaklida kelishi mumkin. Lekin ba'zan

있다 va 없다 shakli sifat bo'lib kelishi mumkin. Ushbu ikkala fe'l o'zaro antonim. 계시다 fe'li 있다 ning hurmat shakli hisoblanadi.
예: 식탁에 그릇이 놓여져 있다.
  Stolda tovoq turibdi.
  그는 영화를 보고 있습니다.
  U kinoni ko'rib turibdi.
  부모님이 집에 계십니다.
  Ota-onam uydalar.
  저는 오빠가 없습니다.
  Meni akam yo'q.

② Fe'llarning tuslanishi 동사의 활용
Fe'l o'zagi + qo'shimcha, bunda o'zgarmas tuslanuvchi qism – o'zak, o'zgarivchi qism – qo'shimcha. Qo'shimcha o'zakka qo'shilib grammatik munosabatni aniqlashni ifodalaydi. Bu tuslanish deyiladi.
Fe'llarning tuslanishi o'z xususiyatiga ko'ra quyidagi ko'rinishlarga bo'linishi mumkin.
1) Kesimning tugallanuvchi shaklining tuslanishi. Kesimning tugallanuvchi shakli gap turiga qarab aniqlanadi.
  과자를 먹는다.
  Pechenye yeyapman. (darak gap 평서문)
  과자를 먹니?
  Pechenye yeysanmi? (so'roq gap 의문문)
  과자를 먹어라.
  Pechenye ye. (buyruq gap 명령문)
  과자를 먹자.
  Pechenye yeymiz. (taklif gap 청유문)
  과자를 먹는구나!
  Pechenye yeyman! (his-hayajon gap 감탄문).

2) Bog'lovchi qo'shimchalarning tuslanishi.
Bog'lovchi qo'shimchalar keyingi gap yo so'zni bog'lab keladi.
  봄이 오면 꽃이 핀다.
  Bahor kelsa gullar gullaydi.
  가수는 노래를 부르고 춤을 준다.

Qo'shiqchi qo'shiq kuylab, raqs tushayapti.

3) Ot shakl qo'shimchalarining o'zgargan turlanishi, boshqa so'z turkumlaridan yasalgan otlarning turlanishi.
예; 과자 먹기를 싫어하는 아이도 있다.
    Shirinlik yeyishni yoqtirmaydigan bola ham bor.
    행복은 결코 풍족함이 아니다.
    Baxt hech qachon yetarli bo'lmaydi.
    사람 사귀가 쉽지 않다.
    Odam bilan do'stlashish osonmas.

4) Sifatdosh qo'shimchasi boshqa so'z turkumlaridan tarkib topgan aniqlovchi vazifasida kelgan so'zlarning tuslanishi.
예: 이것은 제가 읽을 책입니다.
    Bu men o'qimoqchi bo'lgan kitob.
    내가 먹던 사과 못 봤니?
    Men tishlagan olmani ko'rmadingmi?
    오늘은 할 일이 많아.
    Bugun qiladigan ishim ko'p.

5) Ot-kesim kelishigi qo'shimchasi. 서술격조사 -이다
Bu qo'shimcha gap tugallanishida keladigan ot-kesimga qo'shiladi va fe'lning har uchala zamonni olib tuslanadi.
예: 이것은 나의 피아노입니다.
    Bu mening pianinam.
    이것은 누구의 만년필입니까?
    Bu kimning avtoruchkasi?
    이 집은 2년 살았던 집이었어요.
    Bu men 2 yil yashagan uy.

6) Fe'l o'zak va qo'shimchadan tashkil topadi. Fe'l o'zagi va oxirgi qo'shimcha orasida gapda turlicha grammatik funktsiyalarni bajaruvchi 선어말어미 (oraliq qo' shimcha) mavjud. So'zning oxirgi qo'shimchasi 어말어미 dan oldin keluvchi 선어말 어미ni so'zning kategorial shakl yasovchi deb ataymiz. Bu shakl yasovchilar hurmat darajalari, vaqt kabilarni ifodalaydi. Quyidagi jadvalda shunday o'rin egallaydi.

! Eslatma. Koreys tilidagi 선어말어미 suffiks emas o'zak va qo'shimcha orasidagi morfemadir.

Qo'shimcha turlari −11 jadval.

종류 tur	형태 shakl	기능 xususiyat	동사 fe'lga misollar
시제선어말어미 vaqt qo'shimchalari	−는−/−ㄴ−	현재 hozirgi zamon	먹는다, 잔다.
	−았−/−었−	과거 o'tgan zamon	먹었다, 잤다
	−더−	과거 회상 o'tgan zamon hikoya fe'li	먹더라, 자더라.
	−겠	미래 kelasi zamon	먹겠다, 자겠다.
높임선어말어미 hurmat qo'shimchasi	−(으)시	주제높임 sub'ektga hurmat	보시다, 가시다
	−옵−	공손 ehtirom va kamtarlik	보시옵고, 가시옵고

예: 선생님께서 부르신다.
   O'qituvchi chaqirayaptilar.

12−jadval

부르	시	ㄴ	다
어간 o'zak	높임선 어말어미	현재시제 선어말어미	어말어미 oxirgi qo'shimcha

내일 다시 오겠습니다. Ertaga yana kelaman.

13−jadval

오	겠	습니다
어간	미래시제 선어말어미	어말어미

③ To'gri va noto'g'ri fe'llar 규칙동사와 불규칙동사
Noto'g'ri fe'llar turli qo'shimchalar olib tuslanishda o'zgarishi mumkin. Umumiy fonologiya qonunlariga ko'ra tushuntirish mumkin bo'lgan to'g'ri fe'llar va noto'g'ri fe'llar.

1) to'g'ri fe'llar 규칙동사
14−jadval

Fe'l tuslanishi	먹다	보다	밟다	읽다
-고	먹고	보고	밟고	읽고
-게	먹게	보게	밟게	읽게
-지	먹지	보지	밟지	읽지
-어/-아	먹어	보아/ 봐	밟아	읽어

To'g'ri fe'llarning yasalishi
To'g'ri fe'llar ikki xil usulda yasaladi. 1-qo'shma so'z, 2-yasama so'z orqali.

Qo'shma fe'llar (복합어) quyidagicha yasaladi:
1. 명사+동사(주어+서술어): 힘들다, 빛나다, 겁나다, 멍들다.
2. 명사+동사(목적어+서술어): 본받다, 힘쓰다, 등지다, 선보다, 아우보다.
3. 명사+동사(부사어+서술어): 앞서다, 뒤서다, 마을가다, 거울삼다.
4. 동사의 활용형+동사: 돌아가다, 갈아입다, 알아듣다, 파고들다, 타고나다.
5. 동사 어간+동사: 굶주리다, 뛰놀다, 부르짖다.
6. 부사+동사: 가로막다, 잘되다, 그만두다.

Yasama fe'llar 파생동사
1. -이/히/리/기/-: 쓰이다, 막히다, 잘리다, 빼앗기다.
2. -이/히/리/기/애/우/구/추-: 먹이다, 굳히다, 울리다, 웃기다, 없애다, 지우다, 세우다, 돋구다, 낮추다.
3. -거리-(-대-): 덜렁거리다(덜렁대다), 덤벙거리다(덤벙대다), 구물대다.
4. -이- 끄덕이다, 깜박이다, 뒤척이다, 서성이다, 들먹이다.

To'g'ri fe'llar tuslanishi 규칙동사로 간주되는 활용
Tuslanishda o'zak yoki qo'shimchalar o'zgaradi. Buni umumiy qoidalar bilan ta'riflaydigan bo'lsak, bu ㄹ va 으 harflarini tushish hodisasi. Biroq bu hodisa ularni noto'g'ri fe'l deya talqin qilishga asos bo'la olmaydi.

1) ㄹ harfi tushishi ㄹ 탈락
Qaysi fe'l o'zagi ㄹ bilan tugasa ㄴ, ㅂ, ㅅ oldidan ㄹ tushib qoladi. 15-jadval

동사 \ 어미	-ㅂ니다	-세요	-는
만들다	만듭니다	만드세요	만드는
놀다	놉니다	노세요	노는
알다	압니다	아세요	아는
팔다	팝니다	파세요	파는
들다	듭니다	드세요	드는
살다	삽니다	사세요	사는
열다	엽니다	여세요	여는

예: 이 명은 제 아는 사람입니다.
　　Bu kishi mening tanishim.
　　음식 만드는 걸 좋아해요.
　　Ovqat tayyorlashni yaxshi ko'raman.

2) o'zakdagi 으 harfini tushishi 으 탈락

16-jadval

동사	어미 어/아
쓰다	써
뜨다	떠
치르다	치러
들르다	들러

예: 어제는 친구에게 편지를 썼어요.
　　Kecha o'rtog'imga xat yozdim.
　　내일은 내 집에 들러주세요.
　　Ertaga mening uyimga kirib o'ting.

3) Bog'lovchi 으 unlisi ortishi '으' 삽입
Agar fe'l (ㄹ dan boshqa) undosh bilan tugagan bo'lsa, o'zakdan keyin qo' shiladigan -ㄴ, -ㄹ, -며, -시 va boshqa qo'shimchalar oldidan 으 harfi qo'shiladi.
17-jadval

동사 \ 어미	-ㄴ	-ㄹ	-며	-시
먹다	먹은	먹을	먹으며	먹으시며
잡다	잡은	잡을	잡으며	잡으시며
받다	받은	받을	받으며	받으시며
막다	막은	막을	막으며	막으시며

예: 어제 먹은 김밥이 아주 맛이 있어요.
    Kecha yegan kimpap juda shirin ekan.
    내일 받을 걸 저에게 가져 와.
    Ertaga oladigan narsangni menga olib kel.

2) noto'g'ri fe'llar 불규칙동사
18-jadval

Fe'l tuslanishi	걷다	짓다	덥다	푸르다	이르다
-고	걷고	짓고	덥고	푸르고	이르고
-게	걷게	짓게	덥게	푸르게	이르게
-지	걷지	짓지	덥지	푸르지	이르지
-어/-아	걸어	지어	더워	푸르러	이르러

④ Asosiy va yordamchi fe'llar 본동사와 조동사
Asosiy fe'l alohida holda mustaqil ma'no bera oladigan (predikativ kuch bor) fe'ldir. Yetarli mustaqillikka ega bo'lmagan asosiy fe'lga yordamchi ma'no beradigan fe'l yordamchi fe'l deb ataladi.
예: 주소를 적어두다.
    Manzilgohni yozib qo'ymoq. (두다 yordamchi, 적다 asosiy fe'l)
    빵을 먹고 싶다.
    Non yemoqchiman. (싶다 yordamchi fe'l)
    그는 밖으로 나가버렸다.
    U ko'chaga chiqib ketdi. (버리다 yordamchi fe'l)

⑤ Fe'llarning tuzilishi 동사의 형성

Yasalmaydigan tarixiy fe'llar mavjud. Shuningdek, affiksiatsiya va kompozitsiya yoxud qo'shish usuli bilan yasaladigan fe'llar ham bor.

1) Old yasovchili fe'llar 파생동사

드 + 높다 → 드높다 드 (old qo'shimcha-juda)+baland = bahaybat.
들 + 끓다 → 들끓다 들 (old qo'sh.- kuchli)+qaynamoq= kuchli qaynamoq.
얕 + 보다 → 얕보다 얕 (old qo'sh.- youqoridan)+qaramoq= yuqoridan qaramoq.
엿 + 듣다 → 엿듣다 엿 (old qo'sh.- ostida)+tinglamoq=yashirincha eshitmoq.
짓 + 밟다 → 짓밟다 짓 (old qo'sh.-kuchli)+bosmoq=oyoq osti qilmoq.
빗 + 나가다 → 빗나가다 (old qo'sh. -qiya, egri) + chiqmoq = qiyalab chiqmoq.

예: 드높은 가을 하늘에 기러기가 날아간다.
  Baland kuz osmonida g'ozlar uchib ketmoqda.
  시장은 많은 사람들로 들끓는다.
  Bozor ko'p odamlar bilan qaynamoqda.
  어린애라고 얕보지 마세요.
  Yosh bola deb past nazar bilan garamang.
  낮말을 새가 엿듣고 밤말을 쥐가 엿듣는다.
  Kunduzgi gapni qush eshitsa, tunnikini sichqon. (Ehtiyot bo'l devorni ham qulog'i bor).
  잔디를 짓밟지 맙시다.
  Maysalarni toptab tashlamaylik.

2) Qo'shma fe'l 합성동사
57-betga qarang
Qo'shma fe'l deb ikki va undan ortiq fe'llarning qo'shilishi orqali yangi yo shu so'zlarga yaqin ma'noli bir so'z yasashga aytiladi.

예: 오다 + 가다= 오가다
  kelib-ketmoq.
  오르다+ 내리다=오르내리다
  ko'tarilib tushmoq.
  열다 + 닫다 = 여닫다
  ochib yopmoq.
  기다 + 가다 = 기어가다
  sekin bormoq.
  뛰다 + 가다 = 뛰어가다

sakrab bormoq.

⑥ Fe'lning tugallovchi shakllari. 동사의 활용

1. Kesimning oxirgi (tugallovchi) shakllari. 종결어미

Kesimning oddiy shakldagi tugallovchi qo'shimchalar gapning turiga ko'ra beshga bo'linadi. Shuningdek gapdagi tobe kesimning oxirgi qo'shimchasi ham 5 ga bo'linadi.

19-jadval

유형 gap turi	동사어간+종결어미 F, O'+kesim tug. qo'sh.	misollar
평서문 darak gap	F,O' (동사어간)+ㄴ다	먹는다, 잔다
의문문 so'roq gap	F,O' (동사어간)+니	먹니? 자니?
명령문 Buyruq gap	F,O' (동사어간)+아라/어라	먹어라, 자라
청유문 taklif gap	F,O' (동사어간)+자	먹자, 자자
감탄문 his-hayajon gap	F,O' (동사어간)+ㄴ(는)구나	먹는구나, 자는구나.

매일 아침 운동을 한다.
Har kuni ertalab sport bilan shug'ullanaman.
화실에서 그림을 그린다.
Rassomchilik xonasida rasm chizilayapti.
노래 부르니?
Qo'shiq kuylaysanmi?
노래 불어라.
Qo'shiq kuyla.
노래 부르자.
Qo'shiq kuylaylik.
노래 부르는구나!
Qo'shiq kuylaymiz!

Bu shakllarning barchasi oddiy shakl bo'lib bunda yosh bolalar, tengdoshlar, ba'zan yoshi kattalar ham kichkinalarga nisbatan foydalaniladi.
Kesimning tugal'ovchi qo'shimchalari gapning turiga qarab turlicha tuslanadi va ikki xil uslubda (격식체, 비격식체) bo'ladi.

20-jadval

담화계층 nutq uslubi	종결어미	평서문	의문문	명령문	청유문	감탄문
격식체 idoraviy uslub	높임말	습니다/ ㅂ니다 합니다	-습니까, ㅂ니까, 합니까	-(으)십시오 보시오. -세요.	-ㅂ시다, 합시다.	
	예사말	-네	-나, -는가	-게	-세	-구나
	낮춤말	-는다, -다	-니, -(하)느, 하니,-지	-어라, 아라	-자	-구먼
비격식체 noidoraviy uslub	높임말	-아 (어, 여)요				
	낮춤말	-아 (어, 여)				

Hurmat shaklidan ko'proq rasmiy, kitobiy va badiiy uslublarda foydalaniladi.
예: 저는 사랑하는 사람과 함께 있는 것을 좋아합니다.
    Men sevadigan odamim bilan birga bo'lishni yaxshi ko'raman.
    전 어려운 걸 잊어버리지 않아요.
    Men qiyinchilikni unutmayman.
    오늘 수업이 몇 시에 끝나?
    Bugun dars nechada tugaydi.
    지갑을 두고 왔는데 어떻게 하지요?
    Hamyonnimni unutib kelaveribman.
    아트 박물관에 가 보세요.
    San'at muzeyiga borib ko'ring.
    수업 후에 식당에 갑시다.
    Darsdan keyin oshxonaga boramiz.
    금수강산 얼마나 아름답군요.
    Kimsukang tog'i qanchalar go'zal!

⑦ Fe'lning vazifadosh va modal shakllari
1) Fe'llarning sifatdosh shakllari 관형사형전성어미
Sifatdosh fe'lning vazifadosh shakllaridan biri bo'lib narsaning harakat va holat belgisini ko'rsatadi, odatda sifatlovchi vazifasida keladi.

8 Noto'g'ri fe'llar 불규칙 동사
Tuslanish vaqtida o'zagi o'zgarmay qoladigan fe'llar to'g'ri fe'llar deyiladi. Biroq ba'zi fe'l o'zaklari tuslanganda o'zgaradi yoki tovushlar tushib qoladi. Koreys tilida umumiy

qoidalarga bo'ysinadigan fe'llarni to'g'ri fe'llar, umumiy fonologik qoidalar bilan tushuntirib bo'lmaydigan fe'llarni noto'g'ri fe'llar deyiladi.

Bog'lovchi ravishlar 접속부사

Bu ravishlar so'z bilan so'zni, yoki gaplarni bir-biriga bog'lash uchun ishlatiladi.
Eslatma! 3: Ba'zi Koreys tili grammatika kitoblarida 그리고, 그러나, 그래서, 그래도 kabi sof bog' lovchilar ravishga kiritilgan bo'lsa—da, o'zbek grammatikasi bilan tanish bo'lganlar uchun oson bo'lsin, deb o'zbek tili grammatikasi kabi bu bog'lovchilarni yordamchi so'z turkumlari toifasiga qo'shdik. Batafsilroq "Bog'lovchi" '접속사' bo'limidan o'qishingiz mumkin.

1) 즉
Bu ravish xuddi, ayni, naq, chunonchi, masalan, ya'ni, aynan kabi ma'nolarni beradi.
예: 시간은 즉, 금이다.
　　Vaqt bu oltin.
　　그것이 즉 내가 바라는 바다.
　　Bu men aynan orzu qilgan narsam.

2) 또 (또한)
Yana, yana qaytadan, shuningdek, shu bilan birga kabi ma'nolarni beradi.
예: 그 밖에 또 다른 비용이 있을 것도 생각해야 한다.
　　Bundan boshqa yana chiqim bo'lishi mumkinligi haqida ham o'ylash kerak.
　　비 오는데 또 바람까지 분다.
　　Yomg'ir yog'ayapti, shuningdek shamol ham esayapti.

3) 도리어
Aksiga, aksincha, boshqacha, kutilmagan, aksicha kabi ma'nolarni beradi.
예: 도와주려고 한 일이 도리어 폐가 되었다.
　　Yordam bermoqchi edim aksiga halaqit qildim.
　　도리어 아우가 형보다도 크다.
　　Aksincha, ukasi akasidan baland.

4) 오히려

Aksiga, aksincha, qarama-qarshi, o'ylagandan boshqacha.
예: 이것이 저것보다 오히려 낫다.
　　Bu unga qaraganda aksincha yaxshi bo'lmoqda.
　　그는 시인이라기보다 오히려 소설가다.
　　U shoirdan ko'ra aksincha yozuvchi.

5) 더구나 (더군다나)
Buning ustiga, qo'shimcha ravishda, -ga qaraganda kuchliroq.
예: 비가 오는데 더구나 바람까지 분다.
　　Yomg'ir yog'ayapti buning ustiga shamol ham esayapti.
　　그는 부모도 없고 더군다나 나이도 어리다.
　　Uning ota-onasi ham yo'q buning ustiga yoshi ham kichkina.

6) 하물며
Inchunin, ayniqsa, buning ustiga, xususan.
예: 쌀 살 돈도 없는데 하물며 옷 살 돈이 있으랴
　　Guruchga pulim yo'q, inchunin kiyimga pul qayerda bo'lsin.
　　그는 영어도 모르거늘 하물며 불어를 할 수 있으랴.
　　U ingliz tilini bilmaydi, buning ustiga fransuz tilini qayerda gapira olsin.
　　새도 은혜를 안다. 하물며 인간에 있어 서랴!
　　Qush ham minnatdorchilikni biladi. inchunin odamzod nega

① Ravishlarning gapdagi o'rni 부사의 위치
Koreys tilida odatda ravishlar so'z, so'z birikmasi holida gapning boshida keladi. Ravishlarning noto'gri joylashuvi gapdagi ma'noni buzib ko'rsatishi mumkin. Bir gapda bir necha ravish ketma-ket keladigan bo'lsa, ular quyidagi tartibda joylashtiriladi: gap ravish+payt ravish/ o'rin+umumiy ravish+inkor ravish:
　　저렇게 잘 못 달리는 자동차를 처음 본다.
　　Bunchalik yaxshi yurolmaydigan mashinani birinchi ko'rishim.
　　아마, 내일 아주 많은 눈이 내릴 거예요.
　　Chamasi ertaga juda ko'p qor yog'sa kerak.

Ravishlarning yasalishi
Qo'shma ravishlar 복합부사.

1. 명사+형용사: 밤낮, 오늘날, 여기저기.
2. 관형사+명사: 한바탕, 한층, 요즈음.
3. 동사의 관형사형+의존명사: 이른바, 된통.
4. 부사+부사: 곧잘, 잘못, 좀더.
5. 반복어: 오래오래, 소곤소곤, 반짝반짝.

Yasama ravishlar 파생부사.
1. -이: 같이, 굳이, 많이, 높이, 길이, 고이, 바삐, 깨끗이.
2. -히: 천천히, 쓸쓸히, 넉넉히, 조용히 ,부지런히, 무던히.
3. -로: 진실로, 참으로, 대대로, 주로.
4. -오/우: 너무, 자주, 도로, 바투.
Ravishlar turli so'z turkumalri fe'l, ot, sifatdan taqlid sozlardan yasovchi qo'shimchalar bilan ravish yasaydi. Bular:
-이/히/리/, -오/우, -고/코, -로, -게, -스롭게

XIII Bob Qo'shimchalar
Qo'shimchalar asosan ot so'z turkumlari bilan bog'lanib qo'shimcha ma'no beradi yoki boshqa so'z bilan grammatik aloqani ifodalaydi. o'z xususiyatiga ko'ra ular kelishik, yordamchi qo' shimchalar va bog'lovchi qo'shimchalarga bo'linadi. Qo'shimchalar.
34-jadval

Qo'shimcha turlari (분류)			Shakli (형태)
Kelishik qo'shim chalari 격조사	Bosh kelishik 주격조사		-이/가, 께서
	tushum kelishigi 목적격조사		-을/를
	predikativ kelishik 서술격조사		-이다
	qaratqich kelishigi 관형격조사		-의
	to'ldiruvchi kelishik 보격조사		-이/가
	atash kelishigi 호격조사		-아/야, (이)여
	Holat kelishigi 격조사	jo'nalish kelishigi 여격조사	-에, -에게, -한테, 께
		chiqish kelishigi 처격조사	-에서, -에게서, -한테서
		vosita kelishigi 조격조사	-으로

Yordamchi qo'shimchalar 보조사	-은/는, -만, -도, -부터, -까지, -부터~까지, -밖에, -든지, -조차, -마저, 마다, -(이)나, -(이)야, -보다, -처럼
bog'lovchi qo'shimchalar 접속조사	-와/과, -하고, (이)랑, -(이)며

② **Yordamchi qo'shimchalar. 보조사**
Yordamchi qo'shimchalar kelishikni emas ot va unga bog'lanib kelgan so'zga asosiy ma'no beradi va aniqlaydi. Bundan tashqari yordamchi qo'shimchalar nafaqat ot bilan balki boshqa qo'shimchalarga,so'z turkumlari ravish hamda fe'l bilan ham keladi. Yordamchi qo'shimchalar boshqa kelishik qo'shimchalari bilan birga qo'llanganda kuchaytirilgan ma'no beradi.

1) -은/는
Bu qo'shimcha suhbat mavzusini ajratishda qarama-qarshi ifoda kabi qo'llaniladi. Ot bilan qo'llanganda ega va to'ldiruvchi vazifasini bajarib, bosh va tushum kelishigi qo'shimchalari -은/는ga almashadi.
예: 저분은 화가입니다.
  Anavi kishi rassom.
  바빠서 일찍은 못 가요.
  Band bo'lganim uchun ertachi borolmayman.
  그 일만은 할 수 없어요. Bu ishni qila olmayman.

2) -만 faqat, -gina
Aynan mana shu ob'yektni tanlash ma'nosini kuchaytiradi va cheklangan farqni beradi. Otdan keyin keluvchi -만 qo'shimchasi 1-o'rinda ega va to'ldiruvchi bilan qo'shilib keladi. Shu tufayli deyarli barcha bosh va tushum kelishiklar tushib qoladi.
예: 듣기만 하고는 알 수 없다.
  Faqat eshitish bilan bilib bo'lmaydi.
  빵으로만 살 수 없다.
  Faqat non bilan yashab bo'lmaydi.
  그 편지를 저한테만 보여 주세요.
  Bu xatni mengagina ko'rsating.

3) -도 ham; ham...ham
-도 qo'shimchasi birini boshqasiga o'xshashligini bildiradi yoki bog'lovchilik ma'nosiga ega bo'lishligi mumkin.
예: 저도 학생 이애요.
   Men ham talabaman.
   바람도 불고 비도 와요.
   Shamol ham esayapti yomg'ir ham yog'ayapti.

4) -부터
Bu qo'shimcha vaqtni yoki dastlabki nuqtadan jo'nab ketish, boshlanishni ifodalaydi.
예: 오늘 새벽부터 음식을 준비했어요.
   Bugun ertalabdan boshlab ovqatni tayyorladim.
   손부터 씻고 먹어.
   Qo'lni yuvib keyin ovqanlaning.

5) -까지
(1) -까지 qo'shimchasi mavjud muayyan cheklangan vaqt va joy o'rtasidagi qandaydir oxirgi nuqtani bildiradi. Ot yoki ravish va ularning so'roq so'ziga qo'shiladi. O'zidan oldin turli qo'shimchalarni olishi mumkin.
어제 밤늦게까지 책을 봤어요. Kecha kechqurungacha kitob o'qidim.
다시 만날 때까지 안녕히 계십시오. Yana uchrashguncha xayr.

(2) buning ustiga, bilan birga, hattoki ma'nosini beradi.
비가 오고 바람까지 불어요.
Yomg'ir yog'ayapti buning ustiga shamol ham esayapti.
밥에다 커피까지 마셨어요. Ovqat yeq hatto kofe ham ichdim.

Eslatma! 8: 부터~까지 juft qo'shimchasi bir vaqtning o'zida boshlanish nuqtadan keyingisiga qadar bo'lgan belgilangan vaqt va joyni, jo'nab ketish va yetib kelishni anglatadi.
예: 집에서부터 지하철역까지 걸어 다녀요.
   Uydan metrogacha piyoda qatnaydi.
   12시부터 2시까지가 점심시간입니다.
   Soat 12dan 2gacha tushlik vaqti.

6) 밖에
밖에 Bu qo'shimcha doimo inkor so'zlar bilan qo'llanadi.
(1) Ot so'z turkumi va sifat bilan qo'llanilib boshqa, faqat, yolg'iz, atigi, xolos, kabi ma'nolarni beradi.
너 밖에 없다. Sendan boshqa hech kim yo'q.
저 사람은 자기 밖에 몰라요. U odam o'zidan boshqani bilmaydi.

(2) –수밖에 ibora singari qo'llanilib qilingan ishdan boshqa hech narsa qolmagan holatni ifodalaydi. O'zbek tiliga "boshqa iloj yo'q"deya tarjima qilinadi.
내가 참을 수밖에 없다. Sabr qilishdan boshqa iloj yo'q.
밖에서 기다리는 수밖에는 다른 방법이 없어요.
Ko'chada kutishdan boshqa iloj yo'q.
다른 방법을 찾는 수밖에 없어요.
Boshqa chorasini qidirishdan o'zga iloj qolmadi.

7) –(이)든지
So'zlovchi aniq tanlamagan, hali o'ylab ko'rmagan holat haqida gapiriladi.
Ba'zan –(이)든지~(이)든지 tuzilmasi hamda –(이)든 shakli ham qo'llaniladi.
O'zbek tiliga "nima bo'sa ham", deya tarjima qilnadi.
예: 책이면 무엇이든지 읽겠다.
    Kitob bo'lsa har qandayini o'qiyveraman.
    밥이든지 빵이든지 무엇이라도 먹어야 힘이 나지요.
    Ovqatmi nonmi nima bo'sa ham yeb kuch to'plash kerak.
    누구든지 우리 집으로 오세요.
    Kim bo'lsangiz ham bizning uyga keling.
    모르는 것이 있으면 뭐든 물어보세요.
    Bilmagan narsangiz bo'lsa nima   bo'lsa ham so'rayvering.

8) –조차
–조차 qo'shimchasi biror bir fakt bilan birlashib mos bo'lmagan va kutilmagan faktni ko'rsatib hatto(ki), shunday bo'lsa ham, deb tarjima qilinadi. Buyruq gap va undov gapda bu shakl ishlatilmaydi.
예: 어린이조차 다 아는 사실이에요.
    Hatto yosh bola ham biladigan fakt.

너조차 나를 못 믿겠다.
Xatto sen ham menga ishona olmaysanmi?
그는 제 이름~ 못 쓴다
U o'z ismini ham yozolmaydi.

9) -마저
Ushbu qo'shimcha biror-bir narsani qo'shish yoki uni jalb etishni ifodalash uchun qo'llaniladi. Shuningdek,"hammasi oxirigacha qoldirilishi" ma'nosini ham beradi. Hatto(ki), ham, deya tarjima qilinadi.
예: 너마저 그런 말을 해?
Hatto(ki) sen ham shu gapni gapirayapsanmi?
동물마저 사랑을 알아요.
Hatto xayvonlar ham sevgini bilishadi.
그는 집~ 팔았다.
U (hatto) uyini ham sotdi.

10) -마다
Otga qo'shilib "har..., har bir" degan ma'noni beradi, matnga qarab ba'zi ma'nolarni ham beradi.
예: 날마다 운동을 합니다.
Har kun sport bilan shug'ullanaman.
사람마다 성격이 달라요.
Har bir odamning xarakteri turlicha.
나라마다 문화가 달라요.
Har bir davlatning madaniyati turlicha.

11) -(이)나
Tanlash ma'nosini beradi. Matnga qarab katta bo'lmagan farq va ma'no beradi.
(1) Ikki ot orasida qo'llanilib ikkisidan birini tanlashni ifodalaydi va bo'linganlik ma'nosini beradi, o'zbek tiliga "yo, yoki"deb tarjima qilinadi.
예: 커피나 홍차를 주십시오.
Qahva yoki qorachoy bering, iltimos.
일본이나 한국에 가고 싶어요.
Yaponiyaga yoki Koreyaga borishni xohlayman.

(2) Agar −(이)나 qo'shimchasi otga qo'shilsa undan keyin keladigan fe'l asosiy farqni olib, biror bir predmetni chegarlangan tanlashni ifodalaydi.
예: 주말인데 극장에나 갑시다.
　　Bugun yakshanba teatrgami boramiz.
　　놀지만 말고 책이나 읽으세요.
　　Uynamasdan kitobni o'qing.

(3) −(이)나 qo'shimchasi so'roq gaplarga qo'shilganda ot va otlashgan so'zlarga qo'shilib, asosan, hisobni bildiradi. O'zbek tiliga −lar deya tarjima qilinadi.
예: 손님이 몇 명이나 오세요.
　　Mehmon necha kishilar keladi?
　　그 아기가 몇 살이나 되었어요.
　　Bu bola necha yoshlarga to'ldi.

(4) −(이)나 qo'shimchasi umumiy sanoqni ifodalaydi. Kutligandan ortiq sondan ajablanishni ifodalaydi. O'zbekchada −lab, deya tarjima qilish mumkkin.
예: 저는 어제 열 시간이나 잤어요.
　　Men kecha o'n soatlab uxlabman.
　　하루에 커피를 일곱 잔이나 마셔야?
　　Bir kunda yetti chashkalab qahva ichasanmi?

(5) −(이)나 qo'shimchasi so'roq olmoshlari bilan qo'llanganda aniqlanmagan nimanidir tanlashni ko'rsatadi va o'zbekchaga o'zi qo'shilgan olmoshga qarab "har kim, har nima, har qanday, har qachon, har qancha", deb tarjima qilinadi.
예: 누구나 그 도서관에서 공부할 수 있어요.
　　Har kim u kutubxonada o'qishi mumkin.
　　그 사람은 무엇이나 할 줄 알아요.
　　U odam har narsani qila oladi.

12) −(이)야
Bu qo'shimcha chegaralangan taqqoslash mazmuniga ega bo'lib, "albatta, shubhasiz" yoki "tabiiuki, shunday" ma'nolarini ta'kidlaydi. O'zbek tiliga nihoyat, faqat, −gina, deb tarjima qilinadi.
예: 그가 떠난 지 한 달이 지나서야 연락이 왔다.

Uning junab ketganiga bir oy o'tibgina xabar keldi.
꼭 시험이 합격하고야 말겠어요.
Albatta imtihondan o'tibgina hotirjam bo'laman.

13) -보다
-보다 qo'shimchasi ikkidan ortiq ma'noni taqqoslaganda qo'llaniladi.
예: 수학보다 역사가 더 재미있어요.
    Matematikaga qaraganda tarix qiziqroq.
    겨울보다 봄에 비가 많이 와요.
    Qishga qaraganda bahorda yomg'ir yog'adi.
    오늘 날씨가 어제보다 떠 따뜻합니다.
    Bugun havo kechagidan iliq.

14) -처럼
Qo'shimchasi ikki narsani taqqoslaganda o'xshashlikni ko'rsatadi, va "kabi, singari, o'xshash"degan ma'nolarni beradi.
예: 이 물건은 쇠처럼 무거워요.
    Bu buyum temirga o'xshab og'ir.
    나처럼 따라해 보세요.
    Menga o'xshab takrorlang.

Bog'lovchi 접속사

Gap bo'laklarini yoki qo'shma gapning qismlarini bog'lash uchun xizmat qiladigan yordamchi so'zlar bog'lovchi deyiladi. Koreys tilida bog'lovchilar 그러하다 va 그리하다 fe'llarining turlangan va yangi tarkib topgan so'z ko'rinishidir.

1. Bog'lovchi so'zlar
1) 그리고 va, hamda, shuningdek
(1) Bu teng bog'lovchilar teng huquqli gap bo'lakalarini va gaplarni bir-biriga bog'lashga xizmat qiladi. Bu bog'lovchilar bir vaqtlilik, munosabati, ketma-ketlik, natija, zidlik munosabati ma'nolarini beradi. Gapda va, hamda, bilan, ham deya tarjima qilinishi yoki umuman tarjima qilinmasligi mumkin.

예: 방을 먼저 치우고 그리고 공부를 시작했다.
　　Avval xonani tozaladik va keyin darsni boshladik.

2) 그렇지만 Ammo, biroq
Ikkinchi gapdagi harakat, birinchisiga zid bo'ladi.
예: 나는 노래를 잘 불립니다. 그렇지만 부채춤은 출 수 없습니다.
　　Men qo'shiqni yaxshi kuylayman, ammo puchechum raqsiga tusha olmayman.
　　그렇지만
　　bog'lovchisidan keyingi ot
　　은/는
　　yordamchi qo'shimchasini oladi.

3) 그러나 Ammo, biroq
Mazmunan bir-biriga qarama-qarshi qo'yilgan bo'laklarni yoki gaplarni bog'lash uchun xizmat qiladi. Biroq, ammo, lekin, deb tarjima qilinadi.
예: 제 여자 친구는 예쁘지 않습니다. 그러나 성격이 좋습니다.
　　Mening yaxshi ko'rgan qizim chiroyli emas, ammo fe'l-atvori ajoyib.

4) 그래서 shuning uchun, shu sababli,
Bosh gapdagi asosiy fikrni yuzaga chiqishi uchun amalga oshirilish sababini ifodalaydi. Chunki, shuning uchun, negaki, zeroki, nainki, deya tarjima qilinadi.
예: 감기에 걸렸습니다. 그래서 학교에 갈 수 없습니다.
　　Shamollab qoldim, shuning uchun maktabga bora olmayapman.

5) 그러면 unda, unday bo'lsa
Oldingi gapga izoh berish, xulosa qilish, tushuntirish kabi qo'llaniladi. Bu bog'lovchideyarli barcha hollarda dialoglarda foydalanilib, unday bo'lsa, unda, u holda, deya tarjima qilinadi.
예: 자 그러면 안녕히들 계시오.
　　Bo'pti unda yaxshi qolinglar.
　　그러면 곧 그에게 전화를 하지요.
　　Unday bo'lsa tezda unga telefon qilaman.
　　그러면 내일 오죠.
　　U holda ertaga kelaman.

6) 그런데
(1) Keyingi gap o'zidan keyingi gapga nisbatan mazmun jihatdan qarama-qarshi bo'lsa yoki gap tarkibida ziddiyat bo'lsa, ushbu bog'lovchi ishlatiladi.
예: 날씨가 추워요. 그런데 외투가 없어요.
    Havo sovuq, biroq paltoyim yo'q.
    인물은 좋아. 그런데 키가 좀 작구나.
    Ko'rinishi yaxshi, biroq bo'yi kaltaroq ekan.

(2) Oldingi gapga qo'shimcha izoh, tushuntirish berganda qo'llaniladi.
예: 어제는 수박을 먹었다. 그런데 그것이 배탈이 원인이 되었다.
    Kecha tarvuz yegandim o'sha ichimni buzgan bo'lsa kerak.
    어제 친구 말릭을 만났다. 그런데 그 친구는 벌써 결혼을 해 있었다.
    Kecha Mallik o'rtog'imni uchratgandim, allaqachon uylanibdi.

7) 그러니까
Bosh gapda sabab, ergash gapda uning natjasini ifodalaganda foydalaniladi.
예: 그 사람은 화가 나면 무서워요. 그러니까 조심하세요.
    U odamni jahli chiqsa qo'rqinchli bo'lib ketadi, shu sababdan ehtiyot bo'ling
    영어를 빨리 배우고 싶지요. 그러니까 매일 공부하세요.
    Ingliz tilini tez o'rganmoqchi bo'lsangiz har kuni o'qing.

8) 그러면서
Bosh va ergash gapdagi ish-harakat bir vaqtda ro'y berayotganligini ifodalash uchun foydalaniladi.
예: 이 반지는 남자친구가 주었습니다. 그러면서 날 좋아한다고 조용히 속삭였습니다.
    Bu uzukni yigitim berdi va seni sevaman de sekin shivirladi.
    내일은 우즈벡의 명절이라 했습니다. 그러면서 우리를 초대한다고 했습니다.
    Ertaga o'zbeklarning bayrami deb aytdi va bizni taklif qildi.

9) 그래도
Asosan suhbatlarda qo'llaniladi, so'zlovchining savoliga javob tariqasida ma'lumot berishni yoki bosh gapdagi holatga zid ravishda ergash gap kelganda ishlatiladi. O'zbek tilida bu to'siqsiz ergash gapli qo'shma gap deyiladi va shunda ham, shunday bo'lsada, shunga qaramay, deb tarjima qilinadi.

예: 배가 고프지만 그래도 기다릴 거예요.
    Qornim ochqadi, shunga qaramay kutaman.
    한국말이 어렵습니다. 그래도 열심히 공부하겠습니다.
    Koreys tili qiyin shunday bo'lsa-da, jiddiy o'qiyman.

10) 그러므로
Bu bog'lovchi o'zbek tiliga demak, bas, shunday ekan, shuning uchun, deb tarjima qilinadi.
예: 나는 생각한다. 그러므로 나는 존재한다.
    Men o'ylayapman, demak men mavjudman.
    그러므로 이번에는 그놈이 무슨 짓을 할지 모른다.
    Demak bu safar u bizga nima tayyorlaganini bila olmaymiz.

11) 그렇지않으면
예: 열심히 공부해라, 그렇지 않으면 낙제할 거야
    Qattiq o'qing, bo'lmasa imtihondan yiqilasiz.

12) 그러다가
Shunda, shundan keyin, oqibatda, deya tarjima qilinadi.
예: 딜도라는 수업시간이 장난을 쳤습니다. 그러다가 선생님께 혼났습니다.
    Dars vaqtida Dildora hazillashgani uchun o'qituvchining achichig'i chiqdi.

Bog'lovchi qo'shimchalar 연결어미

ikki gapni yoki murakkab (bog'lovchili) gap gapdagi bo'laklarni o'zaro bog'lashda ishtirok etadi.
Ikki gap yo murakkab gap bo'laklarini bog'laydi va turli ma'nolarni ifodalaydi. Har bir bog'lovchi qo'shimchalar o'z xususiyati va ma'nosiga ko'ra farqlanadi.
So'z va gap qaysi bog'lovchi qo'shimchalar olishiga ko'ra quyidagicha jadval tuzish mumkin.
36-jadval

Turkum 구분	ma'no 의미	qo'shimcha 어미
Teng bog'lovchi 대등적연결어미	biriktiruv 나열	-고, -(으)며, 과/와, (이)랑, -하고
	zidlov 상반	-지만
	ayiruv 분리	-이나, -거나, -든(지)든(지), -ㄴ/는데, -든지 말든지, -거나, 아니면
Ergashtiruvchi bog'lovchilar 종속연결 어미	bir vaqtlilik 동시 연속히	-자 (마자), -(이)면서,
	sabab 이유/원인	-(으)니까, 어/아서, 고서, 느라고
	to'siqsizlik 양보	-(어)(여)도,
	gumon, taxmin 가정	-ㄹ 테니까(ㄹ테니), ㄹ(을)텐데
	holat 계기	-어/아서, 고 나서
	shart-sharoit 조건	-거든, (으)면
	maqsad 목적/의도	-(으)러, -(으)려고, -(으)려면, -고자
	yutuq, erishish 미침	-도록
	zarurlik 필연/당위	-어야, 여야
	ko'chish 전환	-다가
	chog'ishtiruv 비유	-(듯)이
	ko'proq 더욱	-(으)ㄹ 수록
	natija 양보	아무리 A/V-아/어도, 더니
	izoh 설명	다니, 도록
yordamchi bog'lovchi 보조적연결어미	yordam 보조	-고

Bob Undov 감탄사(감동사)

Undovning xususiyatlari. 감탄사의 특징

Undovlarning his-hayajon, hitobni bildirishga xizmat qiladi. Undovlar mustaqil so'z turkumlari kabi mustaqil ma'noga ega emas, ular tuyg'u va his-hayajonni bevosita ifodalaydi. Undov gap bo'lagi vazifasida qo'llanmaydi va boshqa bo'laklar bilan grammatik bog'lanmaydi. Undov ma'lum bir ohang bilan aytilmasa, u his-hayajonni ifodalay olmaydi. Ohangni turlicha bo'lishiga qarab undov turlari:

37–jadval

turlilik 갈래	ma'no 의미	undov 감탄사
tuyg'u 감정	sevinch, qahr, qayg'u, qarshi bo'lish	허허, 에, 아이고, 히, 애코, 어, 아뿔사, 아차
maqsadni ifodalash 의지	rad etish, chaqirish, rozilik, inkor etish	아서라, 자, 여보, 예, 오냐, 암, 아무렴, 응, 그래
so'zlashdagi odat 입버릇	ma'nosiz so'zlar gap boshida keladi.	머, 뭐, 그래, 어에, 거시기, 에, 저, 음, '그게 말이지'

1) Orttirma nisbat 사동사

사동사 o'zbek tilidagi orttirma nisbat bo'lib so'zma-so'z ma'nosi 시키다 = buyurmoq, degani. Bu nisbat (사동사) qo'shimchalari majhul nisbat (피동사) qo'shimchalari bilan bir xil: -이, -히, -리, -기. Quyida ko'p uchraydigan fe'llarning orttirma nisbat shakllari:

39–jadval

tur 유형	nisbat qo'shimchalari 접미사	misollar
orttirma nisbatning oddiy shakllari 단형사동	-이-	죽이다, 먹이다, 속이다, 높이다, 보이다, 줄이다, 붙이다, 녹이다
	-히-	익히다, 앉히다, 좁히다, 넓히다, 밝히다, 읽히다, 잡히다, 입히다, 업히다.
	-리-	날리다, 돌리다, 울리다, 살리다, 얼리다, 놀리다, 알리다, 물리다, 들리다.
	-기-	웃기다, 남기다, 숨기다, 감기다, 벗기다, 맡기다, 안기다, 뜯기다.
	-우-	지우다, 깨우다, 재우다, 채우다, 비우다, 세우다, 새우다.
	-구-	떨구다, 돋구다, 이구다, 솟구다.
	-추-	낮추다, 늦추다, 맞추다.

orttirma nisbatning birikma shakli 장형사동	-게 하다	먹게 하다, 가게 하다, 오게 하다, 푸르게 하다, 밝게 하다, 보게 하다, 슬프게 하다.

예: 아이를 왜 울렸어요?
　　Bolani nega yig'latayapsan?
　　이제 좀 자게 해 주세요.
　　Endi biroz uxlashga ruhsat bering.
　　어제 어떤 살인자가 서울 사장을 죽였습니다.
　　Kecha noma'lum yollanma qotil Seul hokimini o'ldirib ketibdi.

2) Majhul nisbat 피동사

Majhul nisbat shaklida harakatning sub'ektiga emas, balki, harakatning o'ziga va uning ob'ektiga ko'p e'tibor beriladi. Harakat ob'ekti (faol tuzulmadagi vositasiz to'ldiruvchi) bosh kelishik shaklida kelib, gapda ega vazifasini bajaradi. Majhul nisbat qo'shimchalari asosan -이-, -히-, -리-, -기- lar va birikma tarzidagi -아/어/여지다 shakllaridir.

Majhul nisbat shakllari:

40-jadval

tur 유형	nisbatlar 접미사	fe'l misollari
majhul nisbatlarning oddiy shakllari 단형피동	-이-	놓이다, 바뀌다, 보이다, 쓰이다, 꺾이다, 섞이다, 쌓이다, 파이다
	-히-	닫히다, 읽히다, 막히다, 잡히다, 먹히다, 업히다, 뽑히다, 얹히다, 묻히다
	-리-	걸리다, 들리다, 열리다, 팔리다, 물리다, 풀리다, 놀리다, 밀리다, 눌리다
	-기-	끊기다, 감기다, 안기다, 빼앗기다, 쫓기다, 씻기다, 찢기다
birikma shakli 장형피동	아/어/여지다	써지다, 깨어지다, 풀어지다, 이루어지다, 넘어지다, 떨어지다, 어두워지다, 예뻐지다, 슬퍼지다, 쓰러지다, 커지다

Inkor gap 부정문

Inkor gap inkorni ko'rsatuvchi '아니(안)' yoki '못' ravishlari, inkor ma'nosini beruvchi '아니다, 아니하다 (않다)'; 못하다, 말다 gaplardan tashkil topgan. '아니다, 아니하다 (않다)' inkorlarini '안' inkori deyiladi.
못, 못하다 larni 못 inkori deyiladi. 말다 inkori ham mustaqil inkor hisoblanadi.

1. '안' 부정문
Kesim — ot so'z turkumlari + kesimlilik qo'shimchasi (체언+이다) tarzidagi gapning inkori kesim vazifasida kelayotgan otga to'ldiruvchi kelishik (보격조사) ni qo'shib predikativ kelishik '이다' o'rniga '아니다' yoziladi.
① 가. 철수는 학생회장이다.
　　　Cholsu talabalar rahbari.
　 나. 철수는 학생회장이 아니다.
　　　Cholsu talabalar rahbari emas.
! Bu inkor shakl o'zi inkor qilib kelayotgan otda doimo —이/가 kelshigini talab qiladi. Shu sababli —이/가 아니다 ajralmas birikmadir.
② 가. 오늘의 안내원은 여자다.
　　　Bugun kuzatuvchi ayol kishi.
　 나. 오늘의 안내원은 여자가 아니다.
　　　Bugun kuzatuvchi ayol emas.
Yuqoridagi 1–2 가 si tasdiq gap, 나 si inkor gap
! '아니다' so'zi egani inkor qilishi bilan birga kesimni ham inkor qilishi mumkinligini 2-gapdan bildik.

2. '못' 부정문
Inkorning bu shakli birikma (장형부정) tarzida va oddiy (단형부정) inkordan tashkil topgan. Oddiy inkor '못' doimo fe'l oldidan keladi, agar 공부하다, 지불하다, 설거지하다 kabi yasalgan fe'llarda 하다 fe'lidan oldin keladi.

3. 말다
Koreys tilida inkorlar gap turlari va kesim ko'rinishiga qarab qo'llaniladi. Buyruq va taklif gap (명령문과 청유문) kelganda yuqorida ko'rib chiqqan inkorlar ishlatilmaydi. Ular faqat darak va so'roq gaplarda ishlatiladi. Buyruq gap va taklif gaplar uchun —

지 말- inkori ishlatiladi. Ma'nosi inkor qo'shilgan fe'ldan anglashilgan ish-harakatni bajarmaslikka buyruq, yoki taklif qilinadi.
1) 떠들지 말아라.
   Shovqin qilma (buyruq)
2) 오늘 공부하지 말자.
   Bugun o'qimaymiz.(taklif)
말다 inkori buyruq va taklif gapning tugallovchi turli shakllari (ehtirom, betaraf oddiy) olib qo'llanilishi mumkin.
41-jadval

ehtirom turi	명령문 buyruq gap	청유문 taklif gap
높임말	-지 마십시오.	-지 마세요.
o'rta	말게요	마세요.
oddiy	말아라.	말자.

3) *네가 착하지 말아라. Sen oqko'ngil bo'lma. (x)
4) *우리가 친절하지 말자. Biz qadrdon bo'lmaylik (x)
Biroq sifatlar ham quyidagi misollarga o'xshab 말다 inkorini olishi mumkin. Bunda gap taklif ham buyruq gap ham bo'lmaydi, balki ma'lum vaziyatning ro'y berishi, jarayon, bo'lib o'tish kabi ma'nolarni beradi.
5) 오늘 춥지만 말아라.
6) 집이 너무 작지만 말아라.
5-gapda bugun sovuq bo'lmasligini tilash, 6-da uyni judayam kichkina bo'lmasligini so'rash ma'nosi mavjud.

4. So'z almashtirish bilan inkor 단어에 의한 부정

Inkor so'zlar so'zlar mustaqil inkor ma'nosini beradi. Ular ko'p emas: 있다-없다, 알다-모르다.
예: 영어를 잘 알지만 한국어를 잘 몰라요.
   Ingliz tilini yaxshi bilaman ammo koreys tilini yaxshi bilmayman.
   지금 나에게 돈이 없는데 친구에게 있어요.
   Hozir menda pul yo'gu, do'stimda bor.
   나는 그것을 전혀 모릅니다. Men uni mutloqo bilmayman

Zamonlar 시간표현

1. Zamon turlari. 시제의 종류

Zamon qo'zimchalari kesimni ifodalagan ish-harakatning nutq momentiga munosabatini ifodalaydi. Kesimda anglashilgan ish-harakat yo vaziyatning bo'lib o'tish vaqti bilan nutq payti orasidagi munosabatiga qarab kesimning uch: o'tgan (과거), hozirgi (현제) va kelasi (미래) zamoni mavjud. Har bir zamon shakli ma'lum grammatik ko'rsatgichga ega.

① O'tgan zamon 과거 시제
Fe'lning o'tgan zamon shakllari nutq paytidan ilgari bajarilganini bildiradi.
1) Aniq o'tgan zamon shaklining -았(었/였) qo'shimchasi yordamida yasaladi.
   그 명은 회의에 늦게 왔어요.
   U kishi majlisga kechikib keldi.
   저도 어렸을 땐 무척 귀여웠습니다.
   Men ham yoshligimda juda yoqimtoy edim.

2) O'tgan zamon davom fe'li
   Qandaydir hodisa bo'lib o'tdi, biroq bu holat hozirgacha davom etdi.
   지금 막 집에 들어왔어요.
   Hozirgina uyga kirib keldim.

3) Uzoq o'tgan zamon
   -았(었/였)었 shakli uzoq o'tgan zamonda sodir bo'lgan biror hodisani ifodalsh uchun qo'llaniladi, biroq natija ko'rinmasdan sub'ektning o'tgan tajribasini ifodalaydi.
   어제 전화 왔었어요.
   Kecha telefon qilingan edi.

4) O'tgan zamon hikoya shakli
   Gap o'tgan zamon eslash haqida ketayotgan bo'lsa, -더 qo'shimchasi o'zidan keyin '-라, -군' chegaralangan tugallovchi qo'shimchalarini olib keladi.
   둘이서 이제 공원에 가더라.
   Ikkovimiz kecha parkka bordik.
   이제는 날씨가 꽤차더군요.

Kecha ob-havo juda sovuq edi.

② Hozirgi zamon 현재 시제
1) Odatda hozirgi zamon shakli -는/ㄴ bilan ifodalanadi. Biroq sifat va predikativ kelishik qo'shimchasi -이다 bilan tugagan kesimlarning har qanday qo'shimchasi hozirgi zamonni ifodalashi mumkin.
　학생이 학교에 간다.
　O'quvchi maktabga borayapti.
　동생이 사과를 먹는다.
　Ukam olma yeyapti.
　사람은 생각하는 동물이다.
　Odam – fikrlaydigan jonzot
　나뭇잎 노랗게 물들다.
　Barg sarg'aydi.

2) Hozirgi zamon yordamida shubhasiz haqiqat, buyumlarning xarakteristkasi, haqiqiy holati, voqeani takrorlashi va boshqalarni ifodalydi.
　달은 지구 주위를 돈다.
　Oy yer atrofida aylanadi.
　하늘이 푸르다.
　Osmon ko'm-ko'k.

Hozirga zamon shakli ㅂ니다/습니다 qo'shimchasi bilan ham ifodalanadi.
제가 가끔 고향 친구에게 편지를 씁니다.
/Diqqat-1/ Agar kelasi zamonni ifodalaydigan ravish bor bo'lsa, hozirgi zamon shaklini olgan kesim kelasi zamonni bildiradi.
　내일 나는 타슈켄트에 간다.
　Ertaga men Toshkentga ketaman.
　나는 내일 집에서 쉰다.
　Ertaga men uyda dam olaman.

③ Kelasi zamon 미래 시제
Kelasi zamon shakli -겠, yoki -(으)ㄹ 것, -(으)ㄹ거 fe'l va sifatga qo'shilib kelasi zamonni hosil qiladi.

-겠 qo'shimchasi so'zlovchining holis, his-tuyg'usini ifodalamaydi, ayni paytda uni tortinchoqligini ifodalaydi. -(으)ㄹ 것 shakli esa so'zlovchining sub'ektiv (bir taraflama) hissiyotlarini, fikrini bildiradi.

    한 시간 후면 일이 다 끝나겠군요.
    Bir soatdan keyin ish butunlay tugaydi.

Kelasi zamonning asosan so'zlashuv shakli hisoblangan -(으)ㄹ 것 deyarli barcha hollarda ishlatiladi.

    오후에 숙제를 할 거예요.
    Tushdan keyin uyga vazifani qilaman.
    이것을 내가 먹을 거예요.
    Buni men yeyman

2. Harakat holati 동작상

1) Harakatning holatini ifodalaydi. Harakatni to'xtamasdan bo'lib turganini ifodalaydi.

① 현제진행형
-고 있다
예: 친구가 지금 기다리고 있습니다.
    Do'stim hozir kutib o'tiribdi.
    나는 학교로 가고 있습니다.
    Men maktabga borayapman.

② 과거진행형
-고 있었다
예: 여자 친구를 기다리고 있었어요.
    Yaxshi ko'rgan qizimni kutib o'tirardim.
    저녁 내내 음악을 듣고 있었어요.
    Har oqshom musiqa tinglardim.

③ 미래진행형
-고 있겠다
예: 주말 아침에는 잠을 자고 있겠다.
    Dam olish kuni ertalab uxlab yotgan bo'laman.
    먼저 밥을 먹고 있겠다.

Avval ovqat yeb o'tirgan bo'laman

2) Tugallanish shakli 완료형
① Hozirgi zamon tagallanish shakli 현재완료형
Bu shakl hozirgi zamonda bo'lib o'tgan hodisani tugaganini bildiradi.
-어/아 있다.
-어/아 버렸다
예: 단풍이 물들어 있다.
    Barglar qizaribdi.
    동생이 작은 의자에 앉아 있다.
    Ukam kishik stulda o'tiribdi.

② O'tgan zamon tugallanish shakli 과거완료형
Tugallangan hodisani o'tgan zamonda ekanligini bildiradi.
예: 그의 말에 웃어 버렸다.
    Uni gapiga kulib yubordim.
    나무에 열매가 열려 있었다.
    Daraxt meva solibdi.

③ Kelasi zamon tugallanish shakli. 미래완료형
Kelgusidagi harakatni tugallanishini bildiradi.
-어/아 있겠다
-어/아 버리겠다
예: 그 사람은 모든 음식을 먹어 버리겠다.
    U odam hamma ovqatni yeb qo'ydi.
    내일은 눈이 많이 쌓여 있겠다.
    Ertaga qor ko'p yog'adi.

3) Taxminni ifodalaydigan shakl 예시형
① Hozirgi zamon taxmin shakli 현재예시형.
Hozirgi zamonda bo'lishi kerak ishni taxmin qiladi. Yaqin kelasi zamonni ifodalaydi.
-게 된다.
예: 비행기가 이륙하게 된다.
    Samolyot qo'nayotgan bo'lsa kerak.

그녀를 사랑하게 됩니다.
U qizni yaxshi ko'rib qoldimov.
벌레들이 없어지게 된다.
Hashoratlar yo'qolgan bo'lsa kerak.

② O'tgan zamon taxmin shakli 과거예시형
Bo'lib o'tgan bu hodisani oldindan nazarda tutilganini ifodalaydi.
예: 저는 유학을 하게 되었습니다.
　　Menam chet elga o'qishga ketadigan bo'ldim.
　　그들은 서로 사랑하게 되었다.
　　Ular bir-birni sevib qolishdi.

③ Kelasi zamon taxmin shakli 미래예시형
Kelajakda bo'lib o'tadigan hodisani oldindan taxmin qiladi.
-게 되겠다
예: 나도 곧 한국에 가게 되겠다.
　　Men ham tez orada koreyaga ketsam kerak.
　　이렇게 헤어지면 오랫동안 못 보게 되겠다.
　　Shunday ajrashsak uzoq vaqt ko'risha olmasak kerak.
　　곧 영화가 시작하게 되겠다. Tezda kino boshlansa kerak.

제2부 주로 사용하는 단어

Asosan qoʻllaniladigan leksika

I 가족관계(Oilaviy munosabatlar)

우즈벡어	우즈벡어발음	한국어	한국어 발음
Doda (ota tarafdan)	도다	친할아버지	Ch'inharaboji
Buvi (ota tarafdan)	부브	친할머니	ch'inhalmoni
Doda (ona tarafdan)	도다	외할아버지	Viharaboji
Buvi (ona tarafdan)	부브	외할머니	vihalmoni
Dada, ada	다다, 아다	아빠, 아버지	appa, aboji
Ona, oyi	어나, 어이	엄마, 어머니	omma, omoni
Doda-buvi	도다, 부브	조부모님	jopumonim
Ota-ona	어따-어나	부모님	pumonim
Aka	아까	형	hyong
Aka (qizlar uchun)	아까	오빠	oppa
Opa	어빠	누나	nuna
Opa (qizlar uchun)	어빠	언니	onni
Uka, singil	우까, 씬길	동생	tongseng
Uka	우까	남동생	namdongseng
Singil	씬길	여동생	yodongseng
O'g'il	오킬	아들	adil
Qiz	크지	딸	ttal
Er (turmush o'rtog'i)	에르	남편	nampyon
xotin (turmush o'rtog'i)	허튼	아내(부인)	ane (puin)

Qaynona	카이노나	장모님	changmonim
Qaynota	카이노타	장인	changin
Qaynona	카이노나	시어머니	shiomoni
Qaynota	카이노타	시아버지	shiaboji
Qarindosh	카른도씨	친척	ch'inch'ok
Qo'shni	코시니	이웃	iut
Kelinoyi	켈리너이	올케	olkhe
Qayinaka	카인아까	아주버니	ajuboni
Kelin(o'g'illar o'g'il ukasini xotini chaqirganda ishlatadiga so'z)	켈린	제수씨	chesushi
Kuyov(opa o'z singlisini erini chaqirganda ishlatadigan so'z)	쿠여브	제부씨	chebushi
Katta amaki	갸타 암마키	큰아버지	Kinaboji
Katta kelinoyi	갸타 켈리너이	큰어머니	kinomoni
Kichkina amaki	키치키나 아마키	작은아버지	chaginaboji
Kichkina kelinoyi	키치키나 켈리너이	작은어머니	chaginomoni
Amaki	아마키	삼촌	samch'on
Kelinoyi	켈리너이	숙모	shukmo
Tog'a	터가	외삼촌	visamch'on
Kelinoyi	켈리너이	외숙모	visukmo
Katta aka	캬타 아꺄	형부	hyongbu
Kelinoyi	켈리너이	형수	hyongsu
Xola	헐라	이모	imo
Pochcha	뻐차	이모부	imobu
Amma	암마	고모	komo
Pochcha	뻐차	고모부	komobu

Kuyov (Opasi singlisining erini chaqirganda)	쿠여브	매제	meje
Kelin (O'g'il ukasini xotini chaqirganda)	켈린	제수	chesu
Aka-uka	아꺄-우갸	형제	hyongje
Opa-singil	어빠-신글	자매	chame
Aka-singil	아꺄-신글	남매	namme
Kelin	케른	며느리	myoniri
Kuyov (qizining turmush o'rtog'i)	쿠여브	사위	savi
Jiyan	지안	조카	chokha
Qiz nabira	키즈 나비라	손녀	sonnyo
O'g'il nabira	오클 나비라	손자	sonja
Tog'avachcha	터가버차	사촌오빠	sach'onoppa
Tog'avachcha	터가버차	사촌형	sach'on
Tog'avachcha	터가버차	사촌누나	sach'onnuna
Pochcha (katta opaning turmush o'rtog'i)	뻐차	매형	mehyong
kelin, kuyov	켈린, 쿠여브	동서	tongso

❖ 이분은 우리 할아버지이세요

   (Ibunin uri harabojiiseyo)

   Bu inson bizning dodamiz

   (부 인선 비즈닝 더다미즈)

II 숫자. 양사. 순서(Son, sanoq son, tartib son)

1. 숫자(일, 주, 월, 년, 분, 초, 돈… 등을 셀 때)
Son(kun, hafta, oy, yil, daqiqa, soniya, pul… va hokazolarni sanagan vaqtda)

우즈벡어	우즈벡어 발음	한국어	한국어 발음
nol	놀	0 영.공	yong / ko'ng
bir	비르	1 일	il
ikki	이끼	2 이	i
uch	우츠	3 삼	sam
to'rt	토르트	4 사	sa
besh	베시	5 오	o'
olti	얼티	6 육	yuk
yetti	예티	7 칠	chil
sakkiz	사키즈	8 팔	phal
to'qqiz	토크지	9 구	ku
o'n	온	10 십	ship
o'n bir	온비르	11 십일	ship il
o'n ikki	온비르	12 십이	ship i
o'n uch	온 우츠	13 십삼	ship sam
o'n to'rt	온 토르트	14 십사	ship sa
o'n besh	온 베시	15 십오	ship o'
o'n olti	온 어티	16 십육	shimnyuk
o'n yetti	온 예티	17 십칠	shipchil
o'n sakkiz	온 사키즈	18 십팔	shippal
o'n to'qqiz	온 토크즈	19 십구	shipku
yigirma	이길마	20 이십	iship

yuz	유즈	100 백	pek
bir yuz bir	비르유즈비르	101 백일	pekil
ikki yuz	이끼유즈	200 이백	ipbek
ming	밍	1000 천	chon
o'n ming	온 밍	10000 만	man
bir million	비르 밀리온	백만	pekman
o'n million	온 밀리옴	천만	chomman

2. 기수(시간. 물건. 나이… 셀 때)
Vaqt hisobi(vaqt, narsa, yosh… ni sanaganda)

우즈벡어	우즈벡어 발음	한국어	한국어 발음
bir	비르	하나	hana
ikki	이끼	둘	tul
uch	우츠	셋	set
to'rt	토르트	넷	net
besh	베시	다섯	tasot
olti	얼티	여섯	yosot
yetti	예티	일곱	ilgo'p
sakkiz	사키즈	여덟	yodol
to'qqiz	토크지	아홉	aho'p
o'n	온	열	yol
o'n bir	온비르	열하나	yorana
o'n ikki	온이끼	열둘	yoltul
yigirma	이길마	스물	simul
o'ttiz	오트즈	서른	sorin
qirq	크르크	마흔	mahin

ellik	엘릭	쉰	shvin
oltmish	얼트므시	예순	yesun
yetmish	예트므시	일흔	ilhin
sakson	사키선	여든	yodin
to'qson	토크선	아흔	ahin

3. 순서(Tartib son)

우즈벡어	우즈벡어 발음	한국어	한국어 발음
birinchi	비린치	첫째	ch'ochche
ikkinchi	이낀치	둘째	tulchche
uchinchi	유친치	셋째	sechche
to'rtinchi	토르튼치	넷째	nechche

4. 물건을 셀 때 단위(Narsalarni sanashda sanoq so'z)

우즈벡어	우즈벡어 발음	한국어	한국어 발음
bitta uy	비타 우이	집 한 채	chip hanch'e
bitta mashina	비타 마시나	차 한대	ch'a hande
ikkita xona	이끼타 허나	방 두칸	pang tu khan
ikkita kitob	이끼타 키텁	책 두권	ch'ek tugwon
uchta daftar	우츠타 다브타르	공책 세권	ko'ngch'ek segwon
bitta qog'oz (pul, chipta)	비타 커거즈 (풀, 칩타)	종이(돈, 표) 한 장	chongi (to'n, pyo) han jang
bir juft tufli bir juft paypoq	브르 주프트두플리 브르 주프트 파이퍽	구두 한 켤레 양말 한 켤레	kudu han kyolle yangmal han kyolle
to'rtta olma	토르타 얼마	사과 네 개	sagwa nege
uchta pachka ugra	우츠타 버츠카 우그라	라면 세 박스	ramyon se baksi

oltita odam	얼티타 어담	여섯 명	yosommyong
yetita inson	예티타 인선	일곱 분	ilgo'p bun
yetita kuchuk (tovuq, o'rdak)	예티타 구축 (터북, 오르닥)	개(닭. 오리) 일곱 마리	ke (tak, o'ri) ilgo'p mari
sakkiz yosh	사키즈 여시	여덟 살	yodol sal
sakkiz yosh	사키즈 여시	팔 세	pal se
to'qqiz shisha aroq (makkoli)	토크즈 시샤	술(막걸리) 아홉 병	sul (makko'lli) aho'p pyong
ikkita piyola suv	이끼타 피열라 수	물 두 컵	mul tu khop
uchta piyola kofe (choy)	우츠타 피열라 커페 (처이)	커피(차) 세 잔	kopi (cha) se chan
bitta soyali tvorog	비타 소얄리 트보록	두부 한 모	tubu han mo'
bir fleyka tuxum	브르 레숏가 투훔	계란 한 판	keran han pan
bir quti shirinlik	브르 쿠트 시른릭	사탕 한 상자	satang han sangja
ikkita ruchka	이끼타 루츠카	볼펜 두 자루	bo'lpen tu charu
bir dona bargli karam	브르 더나 바르길리 캬람	배추 한 포기	pechu han pho'gi
ikki bog'lam omela	이키키	미나리 두 단	minari tu dan
bir bog' uzum	브르 버그 우줌	포도 한 송이	po'do' han so'ngi
olxo'ri bir savat	얼호르 블 사밭	자두 한 바구니	chadi han paguni
bir dona gul	브르 더나 굴	꽃 한 송이	ko't han so'ngi
bir kecha	브르 게챠	한 밤	han pam
uchta kiyim	우츠타 기임	옷 세벌	o't sebol
bitta qo'ng'iroq	비타 콘그럭	전화 한 통	chonhwa han to'ng
sakkiz yosh	사키즈 여시	팔 세	pal se

to'qqiz shisha aroq (makkoli)	토크즈 시샤	술(막걸리) 아홉 병	sul (makko'lli) aho'p pyong
ikkita piyola suv	이끼타 피열라 수	물 두 컵	mul tu khop
uchta piyola kofe (choy)	우츠타 피열라	커페 (처이) 커피(차) 세 잔	kopi (cha) se chan
bitta soyali tvorog	비타 소얄리 트보록	두부 한 모	tubu han mo'
bir fleyka tuxum	브르 레숏가 투훔	계란 한 판	keran han pan
bir quti shirinlik	브르 쿠트 시른릭	사탕 한 상자	satang han sangja
ikkita ruchka	이끼타 루츠카	볼펜 두 자루	bo'lpen tu charu
bir dona bargli karam	브르 더나 바르길리 캬람	배추 한 포기	pechu han pho'gi
ikki bog'lam omela	이키키	미나리 두 단	minari tu dan
bir bog' uzum	브르 버그 우줌	포도 한 송이	po'do' han so'ngi
olxo'ri bir savat	얼호르 블 사밧	자두 한 바구니	chadi han paguni
bir dona gul	브르 더나 굴	꽃 한 송이	ko't han so'ngi
bir kecha	브르 게챠	한 밤	han pam
uchta kiyim	우츠타 기임	옷 세벌	o't sebol
bitta qo'ng'iroq	비타 콘그럭	전화 한 통	chonhwa han to'ng
bir dona tarvuz	비르 더나 타르부즈	수박 한 통	subak han to'ng
ikkita bochka kimchi	이끼 보츠가 김치	김치 두 통	kimchi tu to'ng
ikki bog' banan	이끼 벅 바난	바나나 한 다발	banana han tabal
bitta daraxt	비타 다라흐트	나무 한 그루	namu han kiru
bitta mango	비타 만고	망고 한 봉지	mango' han bo'ngji

ovqat bir idish	어브캇 브르 이드시	밥 한 그릇 (공기)	pap han kirit (ko'ngi)
sho'rva bir portsiya	쇼르바 브르 보르 치야	국 한 그릇	kuk han kirit
bir idish gazak	브르 이드시 갸작	반찬 한 접시	panchan han chopshi
bir marta ovqatlanish	브르 말타 어브카 틀라느시	식사 한 끼	chiksa han k'i
bir bo'lak cho'chqa go'shti	브르 볼락 초츠카 고시트	돼지고기 한 근	tweji ko'gi han kin
bir dona sariq gorbusha balig'i	브르 더나 사륵 가르부사 발르그	조기 한손	cho'gi han so'n
bitta baliq	비타 발륵	생선 한 마리	sengson han mari

III 시간(Vaqt)

1. 시간 단위 표시(Vaqt me'yori jadvali)

우즈벡어	우즈벡어 발음	한국어	한국어 발음
vaqt	바크트	시간	shigan
soniya	서니야	초	cho'
daqiqa	다키카	분	bun
soat	서앗	시	shi

❖ 시간 있어요?

 (shigan issoyo'?)

 Vaqting bormi?

 (바크딩 벌므)

❖ 몇시. 몇분 몇초에 출발하세요?

 (myoshshi, myobbun, myocho'ye chulbarhaseyo)

 Soat nechada, necha daqiqayu, necha soniyada jo'nab ketasiz?

 (네차 서앗, 네차 다크카, 네차 서니야다 조납 케다스즈)

2. 사계절(to'rt fasl)

우즈벡어	우즈벡어 발음	한국어	한국어 발음
yil fasllari	엘 파슬라리	계절	kejol
bahor	바헐	봄	po'm
yoz	여즈	여름	yorim
kuz	구즈	가을	kail
qish	크시	겨울	kyoul

| yilning to'rt fasli | 옐닝 토르트 파슬리 | 춘하추동 | Chuna chudo'ng |

❖ 무슨 계절을 좋아하세요?
 (musin kejoril cho'ahaseyo)
 Qaysi faslni yoqtirasiz?
 (카이스 엘 파슬리느 여크트라시즈)

❖ 사계절을 다 좋아해요?
 (sa kejoril ta cho'aheyo)
 To'rt faslning barchasini yoqtiraman.
 (토르트 엘 파슬리닝 바르차스느 여크트라만)

3. 날짜(Sana)

우즈벡어	우즈벡어 발음	한국어	한국어 발음
kun	쿤	일	il
oy	어이	월, 달	wol, tal
yil	엘	년	nyon
hafta	합타	주	ju

❖ 제 생일은 1980년 7월 28일입니다.
 (che sengirin chon kubekpalshipnyon chirol ishipparilimnida)
 Mening tug'ilgan kunim 1980 yil 28 iyul.
 (메닝 투길간 구늼 비르밍도크즈유즈사키서는치 엘 이길마 삭기즌치 이율)

❖ 오늘은 며칠 입니까(이에요)?
 (o'nirin myochirimnika(iyeyo)?
 Bugun nechanchi sana?
 (부군 네찬치 사나?)

4. 요일(일주일)(Hafta kunlari(bir hafta))

우즈벡어	우즈벡어 발음	한국어	한국어 발음
Yakshanba	약산바	일요일	ilyo'il
Dushanba	두샨바	월요일	woryo'il
Seshanba	세샨바	화요일	hwayo'il
Chorshanba	처르샨바	수요일	suyo'il
Payshanba	파이샨바	목요일	mo'kyo'il
Juma	주마	금요일	kimyo'il
Shanba	샨바	토요일	to'yo'il

5. 주(Hafta)

우즈벡어	우즈벡어 발음	한국어	한국어 발음
hafta	합타	주	ju
bu hafta	부 합타	이번주	ibonju
keyingi hafta	게인기 합타	다음주	taimju
o'tgan hafta	오트간 합타	지난주	chinan ju
bir hafta	브르 합타	일주일	iljuil
ikki hafta	이끼 합타	이주일	ijuil
uch hafta	우츠 합타	삼주일	samjuil
birinchi hafta	브른치 합타	첫째 주	chochche ju
ikkinchi hafta	이낀츠 합타	둘째 주	tulje ju
uchinchi hafta	우츤치 합타	셋 째 주	sechche ju
oxirgi hafta	어흐르기 합타	마지막 주	majimak ju
bugun	부군	오늘	o'nil
kecha	게챠	어제	oje
o'tgan kuni	오트갼 구느	그저께(그제)	kijokke (kije)

ertaga	에르타갸	내일(명일)	neil (myongil)
indinga	인딘갸	모레	mo're
ikki kundan so'ng	이키 군단 송	글피	kilpi
azon	아전	새벽	sebyok
ertalab	에르탈랍	아침	ach'im
kunduzi	군두즈	점심	chomshim
kechqurun	게츠쿠룬	저녁	chonyok
kechasi	게차스	밤	pam
yarim kecha	야름 게챠	한밤중(심야)	hanpamjung (shimya)
kunduzi	쿤드즈	낮	nat
tush	투시	정오(12시)	chongo'

❖ 다음 주에 우즈베키스탄에 갑니다.
(taim juye ujibekisitane kamnida)
Keyingi hafta O'zbekistonga boraman.
(게인기 합타 오즈베키스턴갸 버라만)

❖ 낮엔 덥고 밤에 추워요.
(najen topko' pame chuwoyo')
Kunduzi issiq, kechasi esa sovuq.
(군두즈 이쓱 게챠스 에사 서북)

6. 월(Oy)

우즈벡어	우즈벡어 발음	한국어	한국어 발음
Yanvar	얀바르	일(1)월	irol
Fevral	페팔	이(2)월	iwol
Mart	마르트	삼(3)월	samwol
Aprel	아프렐	사(4)월	sawol

May	마이	오(5)월	o'wol
Iyun	이윤	육(6)월	yuwol
Iyul	이율	칠(7)월	chirol
Avgust	아브구르트	팔(8)월	parol
Sentyabr	센댜브르	구(9)월	kuwol
Oktyabr	억댜브르	시(10)월	shiwol
Noyabr	노야브르	십일(11)월	shibirol
Dekabr	데가브르	십이(12)월	shibiwol
bir oy	브르 어이	한 달(일 개월)	hantal (ilgewol)
ikki oy	이끼 어이	두 달(이개월)	tutal (ikewol)
uch oy	유치 어이	세 달(3개월)	Setal (samkewol)
yanvardan martgacha	얀바르단 말트까챠	일사분기(1~3월)	ilsabungi(irol phuto samwolkaji)
apreldan iyungacha	아프렐단 이윤까챠	이사분기(4~6월)	isabungi (sawol phuto yuwol kaji)
iyuldan sentyabrgacha	이율단 센댜브르까챠	삼사분기(7~9월)	Samsabungi (chirol phuto kuwol kaji)
oktyabrdan dekabrgacha	어크댜브르단 데가브르까챠	사사분기 (10~12월)	Sasabungi (shiwol puto shibiwolKaji)

❖ 언제 타슈켄트에 갑니까?
   (onje tashukentiye kamnika)
   Qachon Toshkentga ketyapsiz?
   (카천 터시켄트갸 게트얍시즈)

❖ 삼월에 갑니다(가요).
  (samwore kamnida (kayo'))
  Mart oyida ketaman.
  (마르트 어이다 게다만)

7. 일.월.년. 세우기(kun, oy, yilni sanash)

우즈벡어	우즈벡어 발음	한국어	한국어 발음
yangi yil	얀기옐	신년/새해	shinnyon / ehe
bu yil	부 옐옐	올해/금년	o'lhe / imnyon
keyingi yil	게인기 옐	내년/다음해	nenyon / taim he
o'tgan yili	오트갼 옐리	작년/지난해	chagnyon/ chinan he
ikki yil oldin	이끼 옐 얼든	이년 전	inyon jon
uch yil oldin	우치 옐 얼든	삼년 전	samnyon jon
ikki yildan so'ng	이끼 옐단 송	이년 후	inyon hu
uch yildan song	우츠 옐단 송	삼년 후	samnyon hu
bir kun	비르 군	하루/한 날	haru / han nal
ikki kun	이끼 군	이틀/이튿날	itil / itillal
uch kun	우츠 군	삼일/사흗날	sam il / sahillal
to'rt kun	토르트 군	사일	sa il
besh kun	베시 군	오일	o'il
bir oy	비르 어이	한 달/일개월	han tal / ilgewol
ikki oy	이끼 어이	두 달/이개월	tutal / igewol
bir yil	비르 옐	일 년/한 해	illyon / hanhe
ikki yil	이끼 옐	이 년	inyon
uch yil	우츠 옐	삼 년	samnyon
o'n yil	온 옐	십년/열해	samnyon / yolhe

| o'n besh yil | 온 베시옐 | 십오년 | shibo'nyon |

- 지난 해 사일에는 한국에 있었어요.
  (chinan he sairening hanguge isossoyo)
  O'tgan yilni 4 kunida Koreyada edim.
  (오트갼 엘리 라프렐 어이다 코레야다 에듬)

- 한국에 온지 이년 되었어요.
  (hanguge o'nji o' nyon tweossoyo')
  Koreyaga kelganimga ikki yil bo'ldi.
  (코레야갸 겔갸늠갸 이끼 엘 볼드)

- 그는 지난달에 우즈베키스탄에 갔어요.
  (kinin chinan tare ujibekisitane kassoyo)
  U o'tgan oyda O'zbekistonga ketdi.
  (우 오트갼 어이다 오즈베키스턴갸 게트드)

Ⅳ 나이(Yosh)

우즈벡어	우즈벡어발음	한국어	한국어 발음
yosh	여시	살.나이.연세	sal, nai, yonse
bir yosh	비르 여시	한살	han sal
ikki yosh	이끼 여시	두살	tu sal
uch yosh	웃여시	세살	sesal
to'rt yosh	토르트 여시	네살	ne sal
o'n yosh	온 여시	열살	yol sal
o'n besh yosh	온 베시 여시	열다섯살	yol tasot sal
yigirma yosh	이기르마 요시	스무살	simu sal
yigirma bir yosh	이길마 브르 요시	스물 한 살	simul han sal
yigirma ikki yosh	이길마 이끼요시	스물 두 살	simul tu sal
o'ttiz yosh	오드즈 요시	서른 살	sorin sal
o'ttiz bir yosh	오드즈 브르 요시	서른 한 살	sorin han sal
o'ttiz ikki yosh	오드즈 이끼 요시	서른 두 살	sorin tu sal
qirq yosh	크르크 요시	마흔 살	mahin sal
qirq bir yosh	크르크 브르 요시	마흔 한 살	mahin han sal
qirq ikki yosh	크르크 이끼 요시	마흔 두 살	mahin tu sal
ellik yosh	엘리키 요시	쉰 살	shwin sal
ellik bir yosh	엘릭 브르요시	쉰 한 살	shwin han sal
ellik ikki yosh	엘릭 이끼 요시	쉰 두 살	shwin tul sal
oltmish yosh	얼트므시 요시	예순 살	yesun sal
yetmish yosh	예트므시 요시	일흔 살	ilhin sal
sakson yosh	사키선 요시	여든 살	yodin sal

to'qson yosh	토크션 요시	아흔 살	ahin sal
yuz yosh	유wm 요시	백 살	pek sal

❖ 몇 살이에요?
  (myossariyeyo')
  Necha yoshdasiz?
  (네차 여시다시즈)

❖ 스물 네 살이에요.
  (simul ne sariyeyo)
  Yigirmato'rt yoshdaman.
  (이길마 요시다만)

❖ 나이보다 젊게 보이네요.
  (nai po'da cholmkke po'ineyo')
  Yoshizga nisbatan yosh ko'rinar ekansiz.
  (여신기즈갸 느스바탄 요시 고르날 에걄스즈)

V 색깔(Ranglar)

우즈벡어	우즈벡어 발음	한국어	한국어 발음
qizil rang	키즐 랑	빨간 색	palgan sek
apelsin rangi	아펠신 란기	주황 색	chuhwang sek
sariq rang	사륵 랑	노란 색	no'ran sek
yashil rang	야실 랑	초록 색	cho'ro'k'k sek
havo rang	하버 랑	파란 색	pharan sek
to'q ko'k rang	톡 곡 랑	남 색	nam sek
binafsha rang	비나프샤 랑	보라 색	po'rak sek
jigarrang rang	지갈랑	갈 색	kalsek
oq rang	어크 랑	회 색	hwesek
qora rang	커라랑	검정 색	komjong sek
to'q qora rang	톡 커라랑	흑 색	hik sek
to'q rang	톡 랑	진한 색	chinhan sek
och rang	어치 랑	연한 색	yonhan sek
och yashil rang	어츠 야실 랑	연두 색	yondu sek
yorqin rang	여르큰 랑	밝은 색	palgin sek
qizil rang	키즐랑	붉은 색	pulgin sek
to'q rang	to'q rang	어두운 색	oduun sek
kumush rang	쿠무시 랑	은 색	insek

❖ 이것은 무슨 색이에요?
   (igosin musin segiyeyo)
   Bu qanday rang?
   (부 칸다이 랑)

❖ 이 색깔은 한국어로 어떻게 말해요?
(isekkarin hangugoro' ottoke mareyo)
Bu rang koreys tilida qanday aytiladi?
(부 랑 코레이스 틀리다 칸다이 아이틀라드)

Ⅵ 감각에 관한 형용사들(His tuyg'ularga oid sifat so'zlar)

우즈벡어	우즈벡어 발음	한국어	한국어 발음
taxir, achchiq	타흐르	써요	Soyo'
achchiq	아칙	매워요	mewoyo
shirin	시린	달아요	tarayo
mazzali	맞잘리	고소해요	ko'so'heyo
nordon	너르던	셔요	shoyo
taxir mazza	타흐르 맞자	떫어요	ttolboyo
chuchuk	추축	싱거워요	shingowoyo
sho'r	쇼르	짜요	chchayo
qaynoq	카이넉	뜨거워요	ttigowoyo
salqin	살큰	시원해요	shiwoneyo
sovuq	서북	추워요	chuwoyo
iliq	일륵	따뜻해요	ttattitheyo
sirpanchiq	스르반치크	미끌미끌해요	mikkilmik kilheyo
qornim och	커르늠 어츠	배고파요	pekopayo
qornim to'q	커르늠 톡	배불러요	pepulloyo
charchadim	차르차듬	피곤해요	pigoneyo
chanqadim	찬카듬	목말라요	mo'gmallayo
og'ir	어그르	무거워요	mugowoyo
uyqum kelyapti	우이쿰 겔얖트	졸려요	cho'llyoyo
yengil	옌길	가벼워요	kabyowoyo
hursandman	후르산드만	기뻐요	kippoyo
g'amgin	가므긴	슬퍼요	silpoyo

baxtliman	바흐틀리만	행복해요	hengbo'kheyo
baxtsizman	바흐트숫만	불행해요	pulhengheyo
qulay	쿨라이	편해요	pyonheyo
noqulay	너쿨라이	불편해요	pulpyonheyo
qayt qilgim kelyapti	카이드 클김 겔얍트	토하고 싶어요	to' hago' shiphoyo
kasalman	가살만	아파요	aphayo
mayin	마에인	부드러워요	pudirowoyo
qattiq	카특	딱딱해요	ttakttakheyo
juda nozik	주다 너직	말랑말랑해요	mallang mallang heyo
qitig'im kelyapti	크트큼 겔얍트	간지러워요	kanjirowoyo
tashvishli	타시비실리	초조해요	cho'jo'heyo
xavotirli	하버트를리	걱정해요	kokjongheyo
iliq	일릭	포근해요	phoginheyo
yumshoq	융셔그	푹신해요	pukshinheyo
xavotir qilmayapman	하버트르 클마얍만	걱정안해요	kokjong anheyo
hechqisi yo'q, hammasi joyida	헤츠크스 요크, 함마스 저이다	괜찮아요	kwench'anayo

VIII 방향(Yo'nalish)

우즈벡어	우즈벡어 발음	한국어	한국어 발음
sharqiy tomon	사르크이 터먼	동쪽/동방	tong cho'k/ tong bang
g'arbiy tomon	가르비이 터먼	서쪽/서방	socho'k/ sobang
janubiy tomon	자누비 터먼	남쪽/남방	nam cho'k/ nam bang
shimoliy tomon	시멀리 터먼	북쪽/북방	puk cho'k/ puk bang
yuqori qism	유커르 크슴	위/윗부분	uwi/ wit pubun
pastki qism	바스트키 크슴	아래/밑바닥	are/ mitpadak
ro'para	로파라	앞/앞쪽	ap/ ap cho'k
orqa	어르카	뒤/후방	twi/ hubang
o'ng tomon	옹 터먼	오른쪽/우측	o'rin cho'k/ uchik
chap tomon	차프 터먼	왼쪽/좌측	wenchcho'k/ chwach'ik
yon tomon	연 터먼	옆/측면	yop/ chikmyon
ichkari tomon	이치캬르 터먼	안/내면	an/ nemyon
tashqari	타시카르 터먼	밖/바깥	pak/ pakkat
tagi	타기	밑/하부	mit / habu
to'g'ri	토그르	똑바로/바르게	to'kparo'/ paro' ge
qizil rang	키즐랑	붉은 색	pulgin sek
to'q rang	토크랑	어두운 색	oduun sek

❖ 똑바로 가세요.
  (to'k paro' kaseyo)
  To'g'riga yuring
  (토크르갸 유링)

❖ 책상위에 꽃병이 있어요.
  (cheksang wiye ko'tbyongi issoyo)
  Stol ustida guldon bor.
  (스털 우스트다 굴던 버르)

Ⅷ 재는 단위 (O'lchov birligi)

우즈벡어	우즈벡어 발음	한국어	한국어 발음
uzunligi	우준리기	길이	kiri
kengligi	켕리기	넓이	nolbi
bo'yi	보이	키/신장	ki / shinjang
og'irligi	어글리기	무게	muge
chet el puli/ valyuta	쳇 엘 푸리/발루타	화폐	hwape
dollar	돌랄	달러($)	dallo
von	원	원(₩)	won
rubl (Rossiya)	루블	루불(러시아돈)	rubul(roshia to'n)
so'm	솜	솜(우즈베키스탄)	so'm (ujibek to'n)
daraja	다라자	도	do'
harorat	하러랏	온도	o'ndo'
millimetr	밀리메트르	밀리미터(㎜)	millimito
santimetr	산티메트르	센티미터(㎝)	sentimito
metr	메트르	미터(m)	mito
kilometr	킬로메트르	킬로미터(㎞)	killomito
mil	밀	마일(mile)	mail
fut	푸트	피트(feet ft.)	phithi
litr	리터르	리트(ℓ)	liti
millilitr	밀리리테르	밀리리터(㎖)	millilitho
detsilitr	데스리테르	데시리트(㎗)	deshiritho
gram	그람	그램(g)	kirem

kilogram	키로그람	킬로그램(kg)	killogrem
tonna	톤나	톤(ton)	thon
namlik	나믈릭	습도	sipdo'
noldan yuqori	놀단 우커르	영상	yongsang
noldan past	놀단 파스트	영하	yongha
kin (koreys o'lchov birligi)	근(코레이스 올처브 브를리기)	근(斤: 600g)	gin

❖ 돼지고기 한 근(일 킬로 1kg) 주세요
  (tweji ko'gi ham gin (il killo) chuseyo)
  Cho'chqa go'shtidan bir kin (bir kilogramm) bering.
  (초치카 고시트단 비르 큰 (비르 킬로그람)베링)

IX 신체(Tana a'zolari)

우즈벡어	우즈벡어 발음	한국어	한국어 발음
bosh	버시	머리	mori
soch	서츠	머리카락	morikarak
peshona	베셔나	이마	ima
ko'z	코즈	눈	nun
qosh	커시	눈썹	nunssop
quloq	쿨럭	귀	kwi
burun	부룬	코	kho'
burun teshigi	부룬 테시기	콧구멍	ko'kkumong
og'iz	어그즈	입	ip
lab	라브	입술	ipsul
tishlar	티실라르	이빨(치아)	ippal (chia)
tomoq	터먹	목	mo'g
yelka	엘갸	어깨	okke
ko'krak	콕락	가슴	kasim
qo'l	콜	팔	phal
tirsak	트르삭	팔꿈치	phalkkumch'i
bilak	블락	팔목	phalmo'k
bilak	블락	손목	so'nmo'k
kaft	캬풋	손	so'n
barmoq	바르먹	손가락	so'nkarak
qorin	커른	배	pe
kindik	킨딕	배꼽	peko'p

제2부 주로 사용하는 단어 97

bel	벨	허리	hori
dumg'aza	둠가자	엉덩이(둔부)	ondtongi (tubu)
sonning ichki qismi	선닝 이낀츠 크스므	허벅지	hobokji
tizza	트자	무릎	murip
boldir	벌드르	종아리	cho'ngari
to'piq	토프크	발목	palmo'k
oyoq barmoqlar	어역 바르머글라르	발가락	palkarak
oyoq	어여크	발	pal
tovon	터번	뒤꿈치	twikkumchi
suyak	수약	뼈	ppyo
bel suyagi	벨 수야기	등뼈	ting ppyo
bel	벨	등	ting
biqin	브큰	옆구리(허리)	yopkuri(hori)
tos	터스	골반	ko'lpan
qon	컨	피	phi
qorin sohasi	커른 서하스	복부(배)	po'kbu(pe)
oshqozon	어스커전	위	wi
ichak	이착	장	jang
yo'g'on ichak	요건 이착	대장	tejang
ingichka ichak	인깃갸 이착	소장	so'jang
o'pka	옵갸	폐	phe
jigar	지갸르	간	kan
yurak	유락	심장	shimjang
nafas yo'llari	나파스 욜라르	기관지	kikwanji
qizilo'ngach	크질 온갸츠	식도	shikdo'

❖ 눈이 너무 예뻐요
 (nuni nomu yeppoyo)
 Koʻzi juda chiroyli.
 (코즈 주다 치러일리)

❖ 코가 많이 닮았어요
 (khoʻga mani talmassoyo)
 Koʻproq burni oʻxshaydi.
 (코프로크 부르니 옥샤에드)

❖ 몸이 날씬해요
 (moʻmi nalshineyo)
 Tanasi ozgʻin.
 (타나스 어즈근)

X. 병명과 약(Kasalliklar va dori nomlari)

1. 약국에서(Dorixonada)

러시아어	러시아어발음	한국어	한국어 발음
Aspirin	아스피린	아스피린	Aspirin
Shamollashga qarshi dori	샴몰라쉬가 카르시 더리	감기약	kamgiyak
malham dori	말함 더리	연고	yongo
kuyganga qarshi dori	쿠이간가 카르쉬 더리	화상연고	hvasangyongo
paxta	파흐타	솜	som
yo'talga qarshi sharbat	예우탈가 카르쉬 샤르밧	기침시럽	kich'imshirob
antiseptik dori	안티셉틱 더리	소독약	sodoryak
ko'z dori	쿠즈 더리	안약	anyak
quloq dori	쿨럭 더리	점적 귀약	chomchok kviyak
ich surishga qarshi dori	이츠 수리시가 카르쉬 더리	소화제	solsayak
ich gotishíga qarshi dori	카브지얏가 카르쉬 더리	변비약	pyonbiyak
yurak dorisi	유락 더리	심장약	shimjangyak
ovqat hazmi uchun dori	오브캇 하짐이 우춘 더리	소화제	sohvaje
bog'lagich	보클라기츠	밴드	bendi
bint	빈트	거즈밴드	kojibendi
elastik bog'lagich	앨라스틱 보클라가츠	탄력밴드	thanlyokbendi
bosh og'rig'iga dori	보쉬 오그리기가 더리	두통약	tutongyak

homilador bo'lishdan saqlaydigan vositalar	호밀라도르 불리쉬단 사클라이디간 보시타	피임약	piimyak
zararli hasharotlarga qarshi dorilar	자라를리 하쇼롯라르가 카르쉬 더리	방충제	pangchungje
insulin	인슐린	인슐린	insullin
yod	요오드	요오드 액	yood ek
og'riqni bosivchi vositalar	오그릭니 보수브치 보시타	진통제	chinthongje
kukun (oq)	쿠쿤 (옥)	파우더	paudo
retsept	렛셉	처방전	chobangjon
uxlatadigan dori	우흘라타디간 더리	수면제	sumyonje
suppozitoriy	숩보지터리	좌약	chuvayak
vitaminlar	비타민라르	비타민정	bitaminjong
termometr	테르모메터르	체온계	ch'eonge
qisqich, pinset	키스키츠, 핀셋	핀셋	pinset
tarkibi	타르키비	성분	songbun
qo'llanilishi	쿨라니쉬	사용방법	sayongpangpob
eslatma	애슬라트마	주의	chuiy
no jo'ya ta'siri	노주야 타스르	부작용	pujakyong
boshqa dori vositalari bilan o'zaro ta'siri	보시카 더리 보스탈라리 빌란 우자로 타스르	약 상호적용	yak sangho jokyong
qo'llanilish usullari va miqdori	쿨라니쉬 우술라리 바 미크더리	복용법	pokyongpob
bir kunda bir mahal	비르 쿤다 비르 마할	하루 1회	haru il hvi

bir kunda uch mahal	비르 쿤다 우츠 마할	하루 3회	haru sam hvi
sutkada qancha doza qabul qilish kerak	수트카다 칸차 도자 카불 킬리쉬 캐라크	하루 몇 회 복용	haru myothvi pokyong
bir marta	비르 마르타	1정	iljong
yigirma tomchi	에이그르마 톰지	20방울	ishibpangul
bir o'lchov idishi	비르 올초브 이드시	1계량 컵	ilkeryang khom
ovqatdan oldin	오브카트단 올딘	식전	shikjon
ovqatdan keyin	오브카트단 게에인	식후	shikhu
och qoringa	오치 코린가	공복으로	kongbogiro
suv bilan chaynamasdan yutiladi	수브 빌란 차에나마스단 유틀라디	물과 함께 씹지 않고 삼킨다.	mulgva hamkke sh'ipji anko samginda
suvda eritiladi	수브다 애르틀라디	물에 녹인다	mure noginda
og'izda shimiladi	오기즈다 심밀라디	입에서 녹인다	ibeso noginda
dozani oshirilib yuborilishi	도자니 오시릴립 유보릴리시	외복용	vibokyong
teriga yuqa qilib surib yediriladi	테리가 유카 킬립 수립 예드를라디	피부에 얇게 발라서 문지른다.	pibuye yalbke pallaso munjirinda
emizikli bola	애미지글리 볼라	유아	yua
~ yoshgacha	~ 여쉬가차	~세 까지	~se kkaji
kattalar	카탈라르	성인	songin
yosh bolalar qóliyetmaydigan joyda saqlansin	요쉬 볼라라르 올럴마이디간 저이다 사클란신	어린이 손에 닿지 않게 보관	Orini sone taji anke pogvan

2. 용법 용량(qo'llanilish miqdori)

❖ 먹는 약이 끝났어요.
 (mongnin yagi kinnassoyo)
 Ichadigan dorim tugadi.
 (이차드갼 더르 투가드)

❖ 보통 저는 이 약을 복용합니다
 (po'tong chonin i yagil pokyo'ng hamnida)
 Odatda men bu dorini ichaman.
 (어닷다 멘 부 더르느 이차만)

❖ 두통약을 주시겠습니까?
 (tuto'ng yagil chushigessimnikka)
 Bosh og'rig'iga dori bera olasizmi?
 (버시 어그르그가 더르 베라 얼라스즈므)

❖ 인후염약을 주시겠습니까?
 (inhuyomyagil chushigessimnikka)
 Tomoq og'rig'iga dori berasizmi?
 (토목 오그리기가 더리 베라시즈미?)

❖ 저는 두통약이 필요합니다.
 (chonin tuto'ng yagi phiryohamnida)
 Menga bosh og'rig'iga dori zarur.
 (멘갸 버시 어그르그가 더르 자루르)

❖ 항생제를 사려면 처방전이 있어야 하나요?
 (hangsengjeril saryomyon chopangjoni issoya hanayo)
 Antibiotik sotib olmoqchi bo'lsam resept kerak bo'ladimi?
 (안티비오틱 서틉 언머크치 볼삼 레세프트 케락 볼라드므)

❖ 복용법이 어떻게 되나요?
 (po'kyo'ng pobi ottoke twenayo')
 Qo'llanilish holatlari nimalardan iborat?
 (po'kyo'ng pobi ottoke twenayo)

❖ 처방전이 있습니다.
  (chopangjoni issimnida)
  Resepti bor.
  (레세프트 마브주드)

❖ 여기 처방전입니다.
  (yogi chopangjonimnida)
  Marhamat bu yerda shifokor yozgan dori qog'oz.
  (마르하마트 부 예르다 시퍼커르 여즈갼 더르 커거즈)

❖ 하루에 몇 번 먹습니까?
  (haruye myot bon moksimnikka)
  Bir kunda necha marta ichiladi?
  (브르 쿤다 네차 마르타 이칠라드)

❖ 이 약을 하루에 3번 복용하세요.
  (i yagil harue se bon po'kyonghaseyo)
  Bu dorini bir kunda uch mahal iching.
  (부 더르느 브르 쿤다 이키 마르타 이칭)

❖ 얼마 입니까?
  (olma imnikka)
  Qancha bo'ladi?
  (칸챠 볼라드)

❖ 현금 영수증 처리해주세요.
  (hyongim yongsujing chori hechushipshio)
  Naqd pul kvitantsiyasini bering.
  (납드 풀 크비탄치야시니 베링)

2. 병원에서(Kasalxonada)

우즈벡어	우즈벡어발음	한국어	한국어 발음
kasallik nomi	카살리그 노미	병명	pyongmyong
bo'g'ma	보그마	천식	chonshik
shamollash	사몰라쉬	감기	kamgi
yo'tal	예우탈	기침감기	kimchikamgi
tomoq og'rig'i	토모크 오그리그	목감기	mokkamgi
gripp	그립	독감	tokkam
qabziyat(ich qotishi)	카브지야트	변비	pyonbi
qand kasalligi	칸드 카살리그	당뇨병	tangnyopyong
dizenteriya, ich ketish	디젠테르야, 이치 케티시	설사	solsa
ensefalit (bosh miyaning yallig'lanishi)	앤세팔리트 (보쉬 미야닝 얄리클라니시)	뇌염	nviyom
bosh og'rig'i	보시 오크르크	두통	tuthong
tish og'rig'i	티시 오크리크	치통	ch'ithong
tana haroratining ko'tarilishi	타나 하로라티닝 쿠타릴리시	저체온증	choch'eonjing
o'pkaning yallig'lanishi	오프카닝 알리글라니시	폐렴	peryom
laym kassaligi	라엠 가살리기	라임병	raimpyong
ko'ngil aynashi	콘글 아에나시	구역질	kuyokjil
suyak sinishi	수약 시니시	골절	kolchol
kuyish	쿠에이시	화상	hvasang
laringit	리린긴	후두염	huduyom
xolera	홀레라	콜레라	kollare
ichak difuziyasi	이차그 디푸자야스	장티푸스	changthiphusi

botulizm, ovqatdan zaharlanish	보툴리즘 오브캇단 자하를라니시	식중독	shikjungtok
gepatit, jigar yallig'lanishi	게파팃, 지가르 얄리글라니시	간염	kanyom
yurak xastaligi	유락 하스탈리기	심장질환	shimjang jilhvan
o'sma	오스마	종양	jongyang
bezgak kasalligi	베즈각 가살리기	말라리아	mallaria
yuqori bosim kasalligi	유코리 보슴 카살리기	고혈압	kohyolab
infektsiya	인페크트시야스	감염	kamyom
burun oqishi	부룬 오크시	콧물감기	khommul kamgi
uyqusizlik kasalligi	우에쿠시즐릭 카살라기	불면증	pulmyonching
surinkali o'rta quloqning yallig'lanishi	수린킬리 오르타 쿨러크닝 얄리글라니쉬	중이염	chungiyom
qovuqning yallig'lanishi	코부크닝 얄리글라니시	방광염	pangg vangyom
og'riq	오크르크	통증	thongjing
qon tomirlaridagi virus	콘 토미를라르다기 비루스	사스	sasi
parranda grippi	팔란다 기릅	조류독감	choyutokkam
tepkili terlama, toshmali tif	테프킬리 테를라마, 토시말리 티프	발진 티푸스	pargjinthiphusi
bosh miya yallig'lanishi	보시 미야 얄리글라니시	뇌염	nviyom
me'da (oshqozon) yarasi	메다 (오시코전) 야라스	위궤양	vikveyang
oshqozonning yallig'lanishi	오시코전닝 얄리그	위염	viyom

yara	야라	상처	sangcho
allergiya	알레르기야	알레르기	allerigi
tanosil kasalligi	타노실 가살리기	성병	songpyong
bachadonning yallig'lanishi	바차돈닝 얄리글라니시	자궁염	chagungyom

● 병원에서(Kasalxonada)

❖ 나는 의사가 필요합니다
  (nanin isaga piryohamnida)
  Men shifokorga muhtojman
  (멘 시퍼커르갸 무흐토즈만)

❖ 러시아어나 영어를 할 줄 아는 의사가 필요합니다.
  (roshiaona yongoril hal jul anin isaga piryohamnida)
  Rus yoki ingliz tilini biladigan shifokor darkor.
  (루스 여키 인글리즈 틀리느 블라드갼 시퍼커르 다르커르)

❖ 의사를 추천해 주시겠습니까?
  (isaril chuchonhe chushigessimnikka)
  Shifokorni tavsiya etasizmi?
  (시퍼커르느 타브시야 에타스즈므)

❖ 안과 의사를 추천해 주시겠습니까?
  (ankwa isaril chuchonhe chushigessimnikka)
  Ko'z shifokorini tavsiya etasizmi?
  (코즈 시퍼커르느 타브시야 에타시즈므)

❖ 산부인과 의사를 추천해 주시겠습니까?
  (sanbuinkwa isaril chuchon he chushigessimnikka)
  Vrach genekologni tavsiya eta olasizmi?
  (브라치 게네콜록느 타브시야 에타 어라스즈므)

❖ 이빈 후과 전문의를 추천해 주시겠습니까?
(ibin hukwa chonmuniril chuchonhe chushigessimnikka)
Otorinolaringologiya mutaxassisini tavsiya eta olasizmi?
(오토리놀라린골럭 무타하사시스느 타브시야 에타 얼라스즈므)

❖ 피부과 전문의를 소개해 주시겠습니까?
(phibukwa chonmuniril so'ge he chushigessimnikka)
Teri kasalligi bo'yicha mutaxassis bilan tanishtira olasizmi?
(테르 카살리기 부에차 무타하시스 블란 타느시트라 얼라스즈므)

❖ 소아과 의사를 추천해 주시겠습니까?
(so'akwa isaril chuchonhe chushigessimnikka)
Pediatorni tavsiya eta olasizmi?
(페디아토르느 타브시야 에타 얼라스즈므)

❖ 비뇨기과 전문의사를 추천해 주시겠습니까?
(pinyo'kikwa chonmun isaril chuchonhe chushigessimnikka)
Urologiya mutaxasisini tavsiya eta olasizmi?
(우럴러기야 무타하시스느 타브시야 에타 얼라스즈므)

❖ 치과 의사를 추천해 주시겠습니까?
(chikwa isaril chuchonhe chushigessimnikka)
Tish shifokorini tavsiya eta olasizmi?
(트시 시퍼커르느 타브시야 에타 얼라스즈므)

❖ 어디서 진료하나요?
(odieso chillyo' hanayo)
Qayerda muolaja qilinyapti?
(카예르다 무얼라자 클른얍트)

❖ 여의사에게 진료 접수해 주시겠어요?
(yoisaege chillyo chopsuhe chushikessoyo)
Ayol shifokor qabuliga yoza olasizmi?
(아열 시퍼커르 카불르갸 여자 얼라스즈므)

❖ 의사 선생님이 저의 집으로 왕진오실 수 있나요?
(isa sonsengnimi choi chibiro' wangjino'shil su innayo')
Shifokor mening uyimga kela oladilarmi?
(시퍼거르 메닝 우임갸 켈라 얼라드라르므)

❖ 24시간 되는 전화번호가 있습니까?
(Iship sashigan tvenin chonhwabonoga issimnikka)
24 soat mobaynida bog'lansa bo'ladigan telefon raqam mavjudmi?
(이기르마 토르트 서아트 머바이느다 버글란사 볼라디갼 텔레폰 라캄 마브주드므)

❖ 간염 접종을 했습니다.
(kanyom chopjongil hessimnida)
Gepatitga qarshi emlanganman.
(깊파티트가 카르시 앰란간만)

❖ 파상풍 접종을 했습니다.
(phasangpung chopjo'ngil hessimnida)
Qoqsholga qarshi emlanganman
(쿡셜가 카르시 앰란간만)

❖ 장티푸스 예방파상풍 접종을 했습니다.
(changthiphusi yepangphasangpung chopjogil hessimnida)
Ich terlama va qoqsholga qarshi emlanganman.
(이츠 태를라마 바 쿡셜가 카르시 앰란간만)

❖ 저는 콘택트렌즈가 필요합니다.
(chonin ko'ntekti lenjiga piryohamnida)
Menga kontakt linza zarur.
(멘갸 콘타크트 린자 자루르)

❖ 저는 안경을 맞추어야 합니다.
　(chonin ankyongil machchuoya hamnida)
　Men ko'z oynakni moslab olishim kerak
　(멘 코즈 어이낙느 머슬랍 얼리심 케락)

● 몸 증상 상태 의사의 말
(Tanada ma'lum bir alomatlar bo'lganda Shifokorning gapiradigan gapi
❖ 어디가 불편하신가요?
　(odiga pulpyonhashingayo)
　Qayeringiz bezovta qilyapti?
　(카예린기즈 베저브타 클얍트)

❖ 어디가 편찮으신가요?
　(odiga pyonchanishingayo)
　Qayeringiz bezovta qilyapti?
　(카예린기즈 베저브타 클얍트)

❖ 어디가 아프신가요?
　(odiga apishingayo)
　Qayeringiz og'riyapti?
　(카예린기즈 어그르야브트)

❖ 열이 있습니까?
　(yori issimnikka)
　Haroratingiz bormi?
　(하러라틴기즈 버르므)

❖ 이 상태가 오래 되었나요?
　(i sangtega o're tweonnayo')
　Bu holat anchadan beri bormi?
　(부 허라트 안차단 베르 버르므)

❖ 이전에도 종종 증상이 있었습니까?
(ijonedo cho'n cho'ng chinsangi isossimnikka)
Bundan avval ham vaqti-vaqti bilan bu alomatlar bo'larmidi?
(분단 압발 함 바크트-바크트 빌란 부 알라마틀라르 볼라르므드)

❖ 얼마나 오랫동안 여행 하였습니까?
(olamana o'retto'ngan yoheng hayossimnikka)
Qancha uzoq vaqt mobaynida sayohat qildingiz?
(칸챠 우족 바크트 머바이느다 사여하트 클딘기즈)

❖ 술을 마십니까?
(suril mashimnikka)
Aroq ichasizmi?
(아록 이차스즈므)

❖ 담배를 피우십니까?
(tamberil phiushimnikka)
Tamaki chekasizmi?
(타마키 차갸시즈므)

❖ 알레르기가 있습니까?
(allerigiga issimnikka)
Allergiyangiz bormi?
(알레르기얀기즈 버르므)

❖ 귀가 하셔야 합니다.
(kwiga hashyoya hamnida)
Uyga qaytishingiz zarur.
(우이갸 카이트신기즈 자루르)

❖ 심각하지 않습니다.
(shimgak haji ansimnida)
Jiddiy emas.
(짇디 에마스)

🔵 환자의 말(Bemorning gaplari)
❖ 저는 매우 아픕니다.
(chonin meu apimnida)
Mening juda mazam yo'q.
(메닝 주다 마잠 욕)

❖ 내 친구가 아픕니다.
(ne chinguga apimnida)
Mening do'stim (dugonam) kasal.
(메닝 도스틈 (두겨남) 갸살)

❖ 내 아이가 아픕니다.
(ne aiga apimnida)
Mening bolam kasal.
(메닝 벌람 캬살)

❖ 그가 타박상을 입었습니다.
(kiga thapaksanil ibossimnida)
U shikastlandi.
(우 시갸스틀란드)

❖ 여기가 아픕니다.
(yogiga apimnida)
Bu yeri og'riyapdi.
(부 예르 어르야브트)

❖ 알레르기 반응이 있습니다.
   (allerigi paningi issimnida)
   Allergiyasi bor.
   (알레르기야스 버르)

❖ 천식입니다.
   (chonshik hamnida)
   Bo'g'iladi.
   (보글라드)

❖ 간질병이 있습니다.
   (kanchilbyongi issimnida)
   Jigar kasalligi bor.
   (지갸르 갸살리기 버르)

❖ 심장발작이 있습니다.
   (shimjang palchagi issimnida)
   Yurak huruji bor.
   (유라키 후루즈 버르)

❖ 열이 있습니다(높습니다).
   (yori issimnida (no'psimnida))
   Harorati bor (baland).
   (하러라트 버르 (발란드))

❖ 구역질이 자주 납니다.
   (kuyokchiri chaju namnida)
   Tez-tez ko'ngli aynib turadi.
   (테즈-테즈 콘길 아이납 투라드)

❖ 자주 머리가 어지럽습니다.
   (chaju moriga ojiropsimnida)
   Tez-tez boshi aylanadi.
   (테즈-테즈 버시 아일라나드)

제2부 주로 사용하는 단어 113

❖ 감기가 심하게 걸렸습니다.
(kamgiga shimhage kollyossimnida)
Qattiq shamollagan.
(카특 샤멀라간)

❖ 허리가 아픕니다.
(horiga apimnida)
Belim og'riydi.
(벨름 어그리드)

❖ 목이 아픕니다.
(mo'gi apimnida)
Tomog'im og'riyapti.
(터머금 어그르얍트)

❖ 기침감기입니다.
(kichim kamgiimnida)
Yo'talim bor.
(요칼름 버르)

❖ 목감기에 걸렸습니다.
(mo'kkamgie kollyossimnida)
Tomog'im yallig'langan.
(터머금 얄리글란간)

❖ 얼마 전 독감에 걸렸습니다.
(olma chon to'kkame kollyossimnida)
Bir qancha vaqt avval gripp bo'lib qoldim.
(브르 칸차 바크트 압발 그립 보릅 컬듬)

❖ 얼마 전 폐렴에 걸렸습니다.
(olmachon pheryome kollyossimnida)
Bir qancha vaqt avval o'pkam yallig'landi (zotiljam).
(브르 칸차 바크트 압발 옵캄 얄르글란드)

- 벌에 쏘였습니다.
  (bore so'yossimnida)
  Ari chaqdi.
  (아르 차크드)

- 위가 아팠습니다.
  (wiga apassimnida)
  Oshqozonim og'riyapti.
  (어시커저늠 어그리얍트)

- 설사가 났습니다.
  (solsaga nassimnida)
  Ichim ketyapdi.
  (이침 켓특 부질걈)

- 변비에 걸렸습니다.
  (pyonbie kollyossimnida)
  Ichim qotgan.
  (이침 콧걈)

- 저는 우울증이 있습니다.
  (chonin uulchingi issimnida)
  Men tushkunlikka tushganman.
  (멘 투시쿤릭갸 투시걈만)

- 열병에 걸렸습니다.
  (yolbyonge kollyossimnida)
  Isitmali qaltirog'im bor.
  (이싯말리 칼트러금 버르)

- 오한이 납니다(듭니다).
  (o'hani namnida)
  Badanim uvushyapti.
  (바다늠 우부시얍트)

❖ 저는 허약 합니다.
(chonin hoyakhamnida)
Men lanj bo'lyapman.
(멘 라느즈 볼얍만)

❖ 저는 탈수증이 있습니다.
(chonin thalsuchingi issimnida)
Men suvsizlanganman.
(멘 수브스즐란야브만)

❖ 신경계에 문제가 있습니다.
(shinkyongee munjega issimnida)
Asablarimda muammo bor.
(아사블라름다 헤츠 칸다이 무암머 욕)

❖ 다리에 쥐가납니다.
(tarie chwiga namnida)
Oyog'im uyushyapti.
(어여금 터르트시얍트)

❖ 몸 상태가 나쁩니다.
(mo'm sangtega nappimnida)
Butun a'zoyi badanim yaxshi emas.
(부툰 아저이 바다늠 아흐시 에마스)

❖ 몸 상태가 더 나빠졌습니다.
(mo'm sangtega to nappajossimnida)
A'zoyi badanim yanada yomonlashdi.
(아저이 바다늠 야나다 여먼라시드)

❖ 몸 상태가 나아졌습니다.
   (mo'm sangtega naajossimnida)
   A'zoyi badanim yaxshi bo'lib qoldi.
   (아저이 바다늠 야흐시 볼릅 컬드)

❖ 여기서 음식을 받지 않습니다.
   (yogiso imshikil patji ansimnida)
   Bu yerdan ovqat olmaymiz
   (부 예르다 어브카트 어른마이드)

❖ 잠을 못 잤습니다.
   (chamil mo't chassimnida)
   Yaxshi uxlay olmadim.
   (야흐시 우흘라이 얼마듬)

❖ 상처를 입었습니다.
   (sangchoril ibossimnida)
   Yaralandim.
   (야랄란듬)

❖ 넘어 졌습니다.
   (nomojossimnida)
   Yiqilib tushdim.
   (이클릅 투시듬)

❖ 몸을 움직일 수 없습니다.
   (momil umjigil su opsimnida)
   Badanimmi qimirlata olmayapman.
   (바다늠느 크므를라타 얼마야브만)

❖ 감기약을 주시겠습니까?
   (kamgiyagil chushigessimnikka)
   Shamollashga dori berasizmi?
   (샤멀라시가 더르 베라시즈므)

제2부 주로 사용하는 단어 117

❖ 고혈압입니다.
  (ko'hyorap imnida)
  Qon bosimim baland.
  (컨 버스믐 발란드)

❖ 저혈압입니다.
  (chohyorap imnida)
  Qon bosimim pasaygan.
  (컨 버스믐 바사이간)

❖ 당뇨병환자입니다.
  (tangnyo pyonhwanjaimnida)
  Qand kasalim bor.
  (칸드 갸살만)

◉ 검사(Ko'rikdan o'tish)

❖ 무엇을 도와 드릴까요?
  (muosil towa tirilkkayo')
  Qanday yordam bera olaman?
  (칸다이 여르담 베라 얼라만)

❖ 어디가 아픕니까?
  (odiga apimnikka)
  Qayeringiz og'riyapti?
  (카예린기즈 어그르야브트)

❖ 여기가 아픕니다.
  (yogiga apimnida)
  Bu yerim og'riyapti.
  (부 예름 어그르야프트)

❖ 옷을 벗으세요.
  (o'sil posiseyo)
  Kiyimingizni yeching.

❖ 소매를 약간 올리세요.
  (so'meril yakkan o'lliseyo')
  Yengingizni biroz shimaring.
  (옌긴기즈느 브러즈 코타링)

❖ 입을 벌리세요.
  (ibil bolliseyo)
  Og'zingizni oching.
  (어그즌기즈느 어칭)

❖ 숨을 깊게 들이쉬세요.
  (sumil kipkke tiroshwiseyo')
  Chuqur nafas olib chiqaring.
  (추쿠르 나파스 얼릅 치카링)

❖ 숨을 참으세요
  (sumil chamiseyo')
  Nafas olmang.
  (나파스느 우실량)

❖ 피검사를 해야 합니다.
  (phi komsaril heya hamnida)
  Qoningizni tekshirish zarur.
  (커닌기즈느 테키시르시 자루르)

❖ 소변검사를 해야 합니다.
  (so'byon komsaril heya hamnida)
  Siydigingizni tekshirish kerak.
  (스이디긴기즈느 테키시르시 케락)

❖ 엑스레이를 찍어야 합니다.
(eksireiril ch'igoya hamnida)
Rentgen qilish kerak.
(렌트겐 클르시 케락)

❖ 수술을 해야 합니다.
(susuril heya hamnida)
Operatsiya qilish kerak.
(오페라치야 클리시 케락)

❖ 며칠 입원해야 합니다.
(myochil ipwonheyahamnida)
Bir necha kun shifoxonada yotishingiz zarur.
(브르 네차 쿤 시퍼허나다 여트신기즈 자루르)

❖ 병세가 심각하지 않습니다.
(pyongsega shimgakhaji ansimnida)
Kasalligingiz og'ir emas.
(캬살리긴기즈 어그르 에마스)

❖ 저는 간염 예방을 접종 했습니다.
(chonin kanyom yebangil chopjo'ng hessimnida)
Men gepatitga qarshi emlanganman
(멘 기파팃가 카르시 엠란간만)

● 알레르기(Allergiya)
❖ 피부에 알레르기가 있습니다.
(phibue allerigiga issimnida)
Teri allergiyam bor.
(테르 알레르기얌 버르)

❖ 항생제 알레르기가 있습니다.
(hangsengje allerigiga issimnida)
Antibiotik vositalarga allergiyam bor.
(안티비오틱 버시탈라르갸 알레르기얌 버르)

❖ 향 염증 알레르기가 있습니다.
(hyang yomjing allerigiga issimnida)
Hidlarga allergiyam bor.
(히들라르가 알레르기얌 버르)

❖ 아스피린 알레르기가 있습니다.
(asipirin allerigiga issimnida)
Aspiringa allergiyam bor.
(아스피린갸 알레르기얌 버르)

❖ 코데인(진통. 수면제) 알레르기가 있습니다.
(kho'dein (chinthong, sumyonje) allerigiga issimnida)
Kofein(og'riq qoldiruvchi, tinchlantiruvchi vositalar) ga allergiyam bor.
(코페인(어그릭 컬드루브츠, 튼츨란트루브츠 버시탈랄)갸 알레르기얌 버르.

❖ 페니실린 알레르기가 있습니다.
(penisillin allerigiga issimnida)
Penitsillinga allergiyam bor.
(페니칠린갸 알레르기얌 버르)

❖ 꽃가루 알레르기가 있습니다.
(ko'kkaru allerigiga issimnida)
Gul changiga allergiyam bor.
(굴 찬기갸 알레르기얌 버르)

❖ 설파제 알레르기가 있습니다.
  (solpaje allerigiga issimnida)
  Zardobli dorilarga allergiyam bor
  (자르더블리 더릴라르가 알레르기얌 버르)

◉ 산부인과 의사의 말(Genekolog shifokorining gaplari)
❖ 피임제를 사용하십니까?
  (phiimjeril sayonghashimnikka)
  Homilani oldini oluvchi vositalardan foydalanasizmi?
  (허밀라느 얼드느 얼루브츠 버시탈랄단 퍼이달라나스즈므)

❖ 생리가 있습니까?
  (sengriga issimnikka)
  Hayz ko'rganmisiz?
  (하이즈 콜갼므스즈)

❖ 임신 중입니까?
  (imshinchung imnikka)
  Homiladormisiz?
  (허밀라더르므스즈)

❖ 마지막 생리가 언제 입니까?
  (majimak sengriga onje imnikka)
  Oxirgi hayzingiz qachon bo'lgan.
  (어흐르기 하이즌기즈 카천 코르갼스즈)

❖ 임신입니다.
  (imshinimnida)
  Homiladorsiz.
  (허밀라더르스즈)

● 환자의 말(Bemorning so'zlari)

❖ 임신한 것 같습니다.
(imshinhan got kassimnida)
Homiladorga o'xshayman.
(허밀라더르야 오흐샤이만)

❖ 피임약을 복용하고 있습니다.
(phiimyagil po'kyo'nghago' issimnida)
Homilani oldini oluvchi dorini qabul qilyapman.
(허밀라느 얼드느 얼루브츠 더르느 카불 클얍만)

❖ 6주 동안 생리가 없습니다.
(yuk ju to'ngan sengniga opsimnida)
6 hafta mobaynida hayz ko'rmadim.
(얼트 하프타 머바이느다 하이즈 콜마듬)

❖ 여기 혹이 있습니다.
(yogi ho'gi issimnida)
Bu yerimda shish bor.
(부 예름다 시시 버르)

❖ 생리통이 있나요?
(sengritho'ngi innayo')
Hayz kórganda o'griq sezasizmi?
(어그르크 세스얍스즈므)

❖ 요도염이 있습니다.
(yo'do'yomi issimnida)
Siydik yo'li kasalligi bormi?
(시이딕 욜리 캬살리기 버르므)

❖ 질에 염증이 있습니다.
(chire yomjingi issimnida)
Qinda yallig'lanish bor.
(큰다 샤멀라시 버르)

❖ 임신 검사를 해 보겠습니다.
(imshin komsaril he po'gessimnida)
Homiladorlik ko'rigidan o'tib ko'raman.
(허믈라더를릭 코리기단 오틉 코라만)

❖ 피임제를 원합니다.
(phiimjeril wonhamnida)
Homilador bo'lishdan saqlaydigan dori bering.
(허밀라더르 불리시단 사클라이디간 더리 베링)

◯ 대체의학(Noan'anaviy meditsina)

❖ 저는 양의학 치료를 받지 않습니다.
(chonin yangihak chiryo'ril padji ansimnida)
Yevropa meditsinasi muolajasini olmayman.
(예브로파 메디스나스느 무얼라자스느)

❖ 저는 대체의학을 선호합니다.
(chonin teche ihagil sonho'hamnida)
Men noananaviy tabotatni afzal ko'raman
(멘 노안나비에 타보밧니 아프잘 코라만)

❖ 침술을 하는 사람을 만날 수 있습니까?
(chimsuril hanin saramil mannalsu issimnikka)
Igna bilan davollaydigan odam bormi?
(익나 블란 다벌라이드간 어담 버르므)

❖ 자연 요법을 하는 사람을 만날 수 있습니까?
   (chayon yo'bobil hanin saramil mannalsu issimnikka)
   Tabiiy usullar bilan davollaydigan odam bormi?
   (타비이 우술라르 블란 다벌라이드갼 어담 버르므)

❖ 마사지 요법을 하는 사람을 만날 수 있습니까?
   (massaji yo'bobil hanin saramil mannalsu issimnikka)
   Massaj qiladigan odam bormi?
   (마사즈 클라디갼 어담 버르므)

치과에서(Tish shifokori qabulida)

❖ 이가 아픕니다.
   (iga apimnida)
   Tishim og'riyapti.
   (트심 어그르얍트)

❖ 치통이 있습니다.
   (chitho'ngi issimnida)
   Tishim og'riyapti.
   (트심 어그르얍트)

❖ 사랑니가 아픕니다.
   (sarangniga apimnida)
   Aql tishim og'riyapti.
   (아클 트심 어그르얍트)

❖ 잇몸이 아픕니다.
   (inmo'mi apimnida)
   Milkim og'riyapti.
   (믈킴어그르얍트)

❖ 이쪽이가 아픕니다.
 (icho'giga apimnida)
 Bu tomondagi tishim og'riyapti.
 (부 터먼다기 트심 어그르얍트)

❖ 이쪽 윗니가 아픕니다.
 (icho'k winniga apimnida)
 Bu tomondagi tepa tishim og'riyapti.
 (부 터먼다기 테바 트심 어그르얍트)

❖ 이쪽 아랫니가 아픕니다.
 (ich'o'k arenniga apimnida)
 Bu tomondagi pastki tishim og'riyapti.
 (부 터먼다기 파스트키 트심 어그르얍트)

❖ 이쪽 앞니가 아픕니다.
 (ich'o'k apniga apimnida)
 Bu tomondagi oldi tishim og'riyapti.
 (부 터먼다기 얼드 트심 어그르얍트)

❖ 뒤에 이가 아픕니다.
 (twie iga apimnida)
 Orqa tishim og'riyapti.
 (어르카 트심 어그르얍트)

❖ 때운 것이 빠졌습니다.
 (taeum goshi pajossimnida)
 Plombasi tuship ketdi.
 (블롬바스 투쉽 케트드)

❖ 이가 부러졌습니다.
 (iga purojossimnida)
 Tishim sinib ketdi.
 (트심 스늡 켇드)

❖ 이에 구멍이 났어요.
  (iye kumongi nassoyo)
  Tishimda teshik bor.
  (트심다 테식 버르)

❖ 의치를 망가뜨렸습니다.
  (ich'iril manggattiryossimnida)
  Sun'iy tishim sindi.
  (수니 트심 슨드)

❖ 주사를 놓아 주세요.
  (chusaril noa chuseyo')
  Ukol qilib bering.
  (우컬 클릅 베링)

❖ 주사를 놓지 말아 주세요.
  (chusaril no'jji mara chuseyo')
  Ukol qilmang, iltimos.
  (우컬 클망, 일르트머스)

❖ 이것은 임시치료입니다.
  (igosin imshichiryo' imnida)
  Bu vaqtinchalik muolaja.
  (부 박튼차릭 무어라자)

❖ 이를 빼야 합니다.
  (iril' ppeya hamnida)
  Tishni sug'urib tashlash kerak.
  (트시느 수구릅 타실라시 케락)

❖ 이를 빼고 싶지 않습니다.
(iril ppego' shipji ansimnida)
Tishni oldirib tashlagim kelmayapti.
(트시느 얼드릅 타실라김 켈마얍트)

❖ 마취를 해 주십시오.
(machwiril he chushipshio')
Anestesiya qiling.
(안네스테지야 클링)

XI. 교통수단과 장소(Yo'l transport vositalari va joy nomlari)

우즈벡어	우즈벡어발음	한국어	한국어 발음
Pochta	포츠타	우체국	Uch'eguk
Bank	반크	은행	inheng
Kasalxona	가살호나	병원	pyongvon
Maktab	막탑	학교	hakkyo
Bozor	보조르	시장	shijang
Supermarket	수페르만겟	슈퍼	shyupo
T-market	ㅌ-마르겐트	E-마트	e-mati
Sayl bog'i	사엘 보그	공원	kongvon
Avtomabilga yoqilg'i quyish shahobchasi	압토마빌가 여킬기 쿠이쉬 샤홉짜스	주유소	chuyuso
Avtobus	아브토부스	버스	bosi
Taksi	탁시	택시	tekshi
Velosiped	벨로스펫	자전거	chajongo
Metro bekati	멧로 베가티	지하철역	chihach'olyok
Ko'k uy president rezidenti	코크 우이 프레지댄트 레지덴트	청와대	chonghvade
Parlament palatasi, Milliy assambliyasi	파를라멘트 팔라타시, 밀리에 앗삼빌리야스	국회의사당	gukhiisadang
Sud mahkamasi	숟 마흐가마스	법원	pobvon
Prokuratura	프라쿠라투라	검찰청	komcha lch'ong
Militsiya boshqarmasi	밀리트시야 보쉬카르마스	경찰서	kyongch'also

Cho'girtoshli vodiy	초그르토쉴리 보디에	지구대	chigude
Shahar hokimiyati	샤하르 호킴야트	시청	shinch'ong
Viloyat hokimiyati	빌로야트 호킴야트	구청	kuch'ong
davlat idora	다블라트 이도라	군청	kunch'ong
shahar idorasi	샤하르 이도라스	읍	inb
tuman ma'muriyt boshqarmasi	투만 마무리얏 보시카르마스	동사무소	tongsamuso
velosiped	빌러스벳	자전거	chajongo
mototsikl	모톳시킬	오토바이	othobai
samolyot	사몰렷	비행기	pihenggi
aeroport	아에라포르트	공항	konghang
poyezd stansiyasi	포에즈드 스탄스얀스	기차역	kich'ayok
Ekspres-avtobus terminali	액스프레스-아브토부스 테르미날	고속버스 터미널	kosokbosi thominol
Shahar tashqarisiga chiquvchi avtobuslar terminali	샤하르 타쉬카르스가 치쿠브츠 아브토부슬라르 테르미날	시외버스 터미널	shivibosi
tominol kema	케마	배	pe
port	포르트	항구	hanggu
yo'lovchilar kemasi terminali	욜로브춰 케마시 테르미날리	여객선 터미널	yogeksen tominol
immigratsiya boshqarmasi	임미그라시야 보쉬카르마스	출입국 관리소	ch'ulibguk kvalliso
bojxona	보즈호나	세관	segvan
soliq boshqarmasi	솔리크 보쉬카르마스	세무서	semuso

ro'znoma nashryoti	로즈노마 나시르여트	신문사	shinmunsa
teleradio stantsiyasi	텔리라디오 스탄시아스	방송국	pangsoguk
medpunkt	메드푼크트	보건소	pogonso
paxta boshqarmasi	파흐타 보쉬카르마스	면사무소	myonsamuso
Qizil xoch	쿠질 호츠	적십자회	chokshib chahvi
Kinoteatr	기노티아트르	영화관	yonghvagvan
Mehribonlik uyi	메흐리본리크 우예	고아원	koavon
O't o'chiruv boshqarmasi	오트 우츠루브 보쉬카라마스	소방서(119)	sobangso
Elchixona	앨치호나	대사관	tesagvan
vizalar bo'limi	비잘라르	영사관	yongsagvan
Sport zali	스포르트 잘리	운동장	undongjang
Bolalar bog'chasi	볼라라르 보그차스	유치원	yuch'ivon
Avtovus bekati	아브토부스 배카트	버스 정류장	bosi hongryujang
Karantin	카란틴	검역소	komyokso
Su'gurta idora	스트라호반니에 이도라	보험회사	pohomhvisa
elektr energiya idorasi	앨래크트르 애내르기야 이도라스	전력회사	chonllyokhvisa
kitob do'koni	기토브 도코니	서점	sojom
kiyim do'koni	기에임 도코니	옷가계	okkage
magazin	마가진	가게	kage
kanselariya do'koni	간셀라리야 도코니	문구점	munguchom
oshxona	오쉬호나	식당	shiktang
matbuot	마트부오트	매점	mejom
Go'zallik saloni	구잘리그 살로느	미용실	miyongshil

Atir-upa do'koni	아트르 우파 두코니	화장품 가게	hvajangpum kage
Genekologiya	게니칼로기야	산부인과	sanbuinkva
Sayohat firmasi	사여하트 피르마스	여행사	yohengsa
Mehmonxona	메흐몬호나	호텔	hotel
Motel	모텔	모텔	motel
Passport	파스포르트	여권	yokvon
To'y maslahat idorasi	토이 마슬라하트 이도라스	결혼 정보회사	kyoron jongbohvi
Aviakassa	아비아카싸	매표소	mepyoso
Meva do'koni	메바 도코니	과일과게	kvailkvage
Gul do'koni	굴 도코니	꽃집	kotchib
Non do'koni	논 도코니	빵집	p'angchib
Dam olish joyi	담 올리쉬 저이	휴게소	hyugeso
Shahar	샤하르	시내	shine
Bolalar uyi	볼랄라르 우이	어린이집	orinichib
Boshlang'ich maktab	보쉴란그츠 마크탑	초등학교	ch'oding hakkyo
O'rta maktab	오르타 마크탑	중학교	chunghakkyo
Yuqori maktab	유코르 마크탑	고등학교	kodinghakkyo
Institut	인스티투트	대학교	tehakkyo

❖ 학교 이디예요?
　(hakkyo' odiyeyo')
　Maktab qayerda?
　(마키타빈기즈 카예르다)

❖ 우체국에 어떻게 가요?
　(uchiguge ottoke kayo')
　Pochtaga qanday borsa bo'ladi?

(포츠타갸 칸다이 버를라뜨)

❖ 대사관에 기차로 왔어요.
(tesakwane)
Elchixonaga poyezdda keldim.
(엘치허나갸 보예즈다 켈듬)

XII. 살림(Uy ro'zg'ori)

우즈벡어	우즈벡어발음	한국어	한국어 발음
oshxona	오쉬호나	식당	shiktang
Oshxonaga bormoq	오쉬호나가 보로크	식당에 가다	shiktang kada
Restoran	레스톤	레스토랑	resitorang
Nonushta	노누쉬타	아침밥	ach'impab
Tushlik	투쉴리크	점심밥	chomshimpab
Kechki ovqat	개츠기 오브카트	저녁밥	chonyokpab
Kechki ovqatni yemoq	개츠기 오브카트니 예모크	저녁을 먹다	chonyogil mokta
ovqat	오브카트	음식	imshik
Menyu	메뉴	매뉴	menyu
qaynatilgan guruch, ovqat	카에나틸간 구루츠, 오브카트	밥	pab
Shórva	수르바	국	kuk
Guruch	구루츠	쌀	s'al
Yog'	여크	기름	kirim
tuz	투즈	소금	sogim
shakar	샤카르	설탕	solthang
qalampir	칼라므프르	고추	koch'u
Myolchi uksusi	몰치 우크수스	멸치 액젓	myolch'i ekchot
Soya sousi	소야 소우스	간장	kanjang
Non	논	빵	p'ang
Ramyon	라면	라면	ramyon
go'sht	구쉬트	고기	kogi

mol go'shti	몰 구쉬트	소고기	sokogi
cho'chqa go'shti	추추카 구쉬트	돼지고기	tvejikogi
Tovuq go'shti	토부크 구쉬트	닭고기	takkogi
Baliq go'shti	발르크 수쉬트	물고기	mulkogi
pishirilgan baliq	피쉬릴르간 발르크	생선	sengson
dengiz mahsuloti	댄기즈 마흐술로트	회	hvi
tuxum	투훔	계란	keran
Sabzavot	사브자보트	야채	yach'e
pomidor	파미도르	토마토	tomato
shirin kartoshka (kogima)	시린 가르토쉬카	고구마	koguma
kartoshka	가르토쉬카	감자	kamja
Bosh piyoz	보쉬 피요즈	양파	yangpha
Chesnok	체스노그	마늘	manil
Tofu (tubu)	토푸	두부	tubu
yer yong'oq	예르 연고크	땅콩	t'angkhong
meva	모바	과일	kvail
uzum	우줌	포도	phodo
olma	올마	사과	sagva
nok	노크	배	pe
Xurmo	후르모	감	kam
Tarvuz	타르부즈	수박	subak
Banan	바난	바나나	banana
mandarin	만다린	오렌지	orenji
aroq	아로크	술	sul
Evropa vinosi	예브로파 비노스	양주	yangju
Vino	비노	약주	yakju

Pivo	피보	맥주	mekju
makkoli	마꼴리	막걸리	makkoli
sok	소크	주스	jusi
Kola	콜라	콜라	kolla
Sut	숫	우유	Uyu
Kofe	코페	커피	kopi
piyola	피열라	잔	chan
idish	이디쉬	그릇	kirit
Ovqat yeyishga mo'ljallanga cho'p	오브카트 예이쉬가 물르잘란간 추프	젓가락	chotkarak
qoshiq	코쉬크	숟가락	sudkarak
elektor guruch pishirgich	엘레크토르 구루츠 피쉬르기츠	전기밥솥	chongipapsot
gaz plitasi	가즈 플리타스	가스랜지	gasrenji
Kimchi	킴치	김치	kimchi
Samgyopsal (cho'chqa go'shtidan ovqat)	삼겹살(추츠카 구쉬트단 오브카트)	삼겹살	samgyopsal
Samgetang (tovuq va jenshindan shurva)	삼계탕(토부크 바 젠신단 슈르바)	삼계탕	samgetang
Patpingsu(Muz ustida maydalangan loviyadan muzqaymoq)	팥빙수(무즈 우스티다 마에 달란간 로비아 무즈카이모크)	팥빙수	patpingsu
Garniyer (dasturxonga qo'yiladigan)	가르니에르(다스투르혼가 코예일라디간)	반찬	panchan
ovqatlantirish	오브카틀란티르쉬	영양	yongyang

milliy taomlar	밀리에 타옴라르	전통음식	chontong imshik
forma, ko'rinish	포르마 코리니쉬	양식	yangshik
Koreyscha ovqatlar	코레에스차 오브카틀라르	한국음식	hangukimshik
mazzali	마잘리	맛있다	mashitta
bemazza	배미자	맛없다	mashiopta
yeb ko'rmoq, tatib ko'rmoq	예브 코르모크, 타팁 코르모크	먹어보다	mogopoda
Achchiq	아치크	맵다	pepta
Sho'r	쇼르	짜다	ch'ada
Shirin	시린	달다	talda
nordon	노르돈	쓰다	s'da
chuchuk	추추크	싱겁다	shinggopta
oshpaz	오쉬파즈	요리사	yorisa
ovqat pishirmoq	오브카트 피쉬르모크	요리하다	yorihada
Pichoq	피초크	칼	khal
taxtakach	타흐타카츠	도마	toma
qaychi	카이츠	가위	kavi
qozon	코존	냄비	nembi
tova	토바	후라이팬	huraipen
idish	이디쉬	그릇	krit
likopcha	리코브차	접시	chopshi
Cho'mich	추미츠	국자	kukcha
Kapkir	카프키르	주걱	chugon
qaynatadi	카이나타드	삶아요	salmayo
qovuradi	코브라디	볶아요	pogayo
nishlatadi	니쉴라타드	조림해요	chorimheyo

Qovurmoq (baliqni)	코부르모크(발리크니)	튀겨요	tvigyoyo
qaynatadi	카이나타디	끓어요	k'iroyo
yoqiladi	여클라드	뜸드려요	t'imtiryoyo
Bug'laydi	부글라이드	찜해요	ch'imheyo
rakvinna	라크비나	싱크대	shingkide
Miksir	미크시르	믹서기	miksogi
rezinkali qo'lqop	레진갈리 콜코브	고무장갑	komu changgap
sochiq (oshxonada ishlatiladigan)	서츠크(오쉬호나다 이쉴라틸라디간)	행주	hengju
machalka	마찰가	수세미	susemi
idish(salad soladigan)	이디쉬(살라드 설라디간)	반찬통	panch'ang thong
Ochqich(butilka og'zini)	오즈크츠(부틸카 오크지니)	병따개	pyongt'age
mikravalnovka	미크라	전자레인지	jonjareinje
vintelyator	빈텔야토르	선풍기	sonphunggi
tog'ora	토고라	다라	tara
choynik	차이닉	주전자	chuchonja
axlat chelak	아흘라트 첼락	휴지통	hyujithong
sanchqi (vilka)	산츠크(빌카)	포크	phoko
savat	사바트	바구니	paguni

❖ 젓가락 주세요
  (chokkarak shuseyo)
  Chokkarak bering (cho'p)
  (젓가락 베링)

❖ 쌀이 떨어 졌어요
 (s'ri t'orojyossoyo)
 Guruch qolmadi
 (구루츠 콜마디)

❖ 간 맞게 했어요
 (kan makke hessoyo)
 Tuzini joyida qildim.
 (투즈니 저이다 킬딤)

❖ 라면이 끓어요
 (ramyoni kiroyo)
 Ramyon qaynayapti.
 (라면 카에나타야프만)

XIII. 생활용품(Uy ro'zg'or jihozlari)

우즈벡어	우즈벡어발음	한국어	한국어 발음
Kiyim jovoni	기에임 저보니	옷장	otjang
krovat	크라바트	침대	chimde
adyol	아드열	담요	tamyo
ko'rpa	쿠르파	이불	ibul
elektr adyol	엘레크트르 아드열	전기담요	chongitamyo
televizor	텔리브저르	텔레비젼	tellibijon
kompyuter	콤프유테르	컴퓨터	kompyuto
kiyim	기에임	옷	ot
yengi kalta fufbolka	엔기 칼타 푸드볼카	반팔	panphal
tungi ko'ylak	툰기 쿠일라크	잠옷	chamot
soyabon	서야본	우산	usan
shim	심	바지	paji
jinsi shim	진스 심	청바지	chongpaji
dast ro'mol	다숫 루몰	손수건	sonsugon
sochiq	소치크	수건/타올	sugon/thaol
esdalik sovg'asi (suvenir)	예스달리크 소브가스	기념품	kinyompum
sovg'a	소브가	선물	sonmul
krasovka	그라소프가	운동화	undonghva
poyafzal	포야프잘	신발	shinbal
paypoq	파이포그	양말	yangmal
kalgotki	칼고트키	스타킹	sithaking

bosh kiyim	보쉬 기에임	모자	moja
atir	아티르	향수	hyangsu
yostiq	여스티크	배개	bege
oyna	오이나	거울	koul
tish pastasi	티쉬 파스타스	치약	chiyak
tish shyotkasi	티쉬 쇼트카스	칫솔	chissol
tamaki	타마기	담배	tambe
gugurt	구구르트	라이타	laita
ko'zoynak	쿠즈오이나크	안경	ankyong
kamera/foto aparat	카메라/ 포토 아파라트	카메라/사진기	kamera/sajingi
tasma (plyonka)	타스마 (플런카)	필름	phillim
soat	소아트	시계	shige
skoch	스코츠	테이프	teip
elektron jihoz	옐레크트론 지호지	전자제품	chonjachepum
elektron apparat	옐레크트론 아파랏	가전제품	kajonchepum
farfor	파르포르	도자기	tojagi
CD	시디	씨디	shidi
muzlatgich	무즐라트기치	냉장고	nengjanggo
kir yuvish mashinasi	기르 유브쉬 마시나스	세탁기	sethakki
ichimlik	이츰리그	음료수	imnyosu
soju (aroq)	서주 (아로크)	수(소주)	su (soju)
pivo	피보	맥주	mekju
uzuk	우즈크	반지	panji
munchoq	문초크	목걸이	mokkoli
qulf (temir)	쿨르프 (테미르)	쇠	sve

mis	미스	동	tong
oltin	올틴	금	kim
kumush	쿠무쉬	은	in
mahalliy ishlab chiqarilgan tovar	마할리이 이쉴라브 치카디간 토바르	국산품	guksanphum
telefon	텔레폰	전화기	chonhvagi
qo'l telefoni	콜 텔리폰	핸드폰	hendiphon
stul	스툴	의자	ija
stol	스톨	책상	cheksang
dazmol	다즈몰르	다리미	tarimi
konditsioner	칸드시오네르	에어컨	eokhon
ximchistka(ximik yo'l bilan tozzalash ofisi)	힘치스트캬(히미크 율르 빌란 토자라쉬)	세탁소	setakso

❖ 이것은 다리미예요
  (igosin tarimiyeyo)
  Bu dazmol
  (부 다즈몰)

❖ 집안에 옷장. 의자, 책상이 있어요
  (chibane otjang, ija, cheksang issoyo)
  Uy ichida kiyim jovoni, stul, stol bor
  (우이 이치다 키에임 조보니, 스툴, 스톨 보르)

❖ 핸드폰 쓰세요
  (hendipon siseyo)
  Qo'l telefonidan foydalaning
  (콜르 텔레포니단 포이달라닝)

IV. 욕실용품(Yuvinish xonasida ishlatiladigan buyumlar)

우즈벡어	우즈벡어발음	한국어	한국어 발음
hammom	함몸	욕조	yokshil
sochiq	소치크	타올	thaol
tog'ora	토고라	세수대야	sesudeya
kir yuvish mashinasi	키르 유비쉬 마시나스	세탁기	setakki
unitaz (hojatxona chanog'i)	우니타즈	변기	pyongi
tish pastasi	티쉬 파스타스	치약	chiyak
tish shyotkasi	티쉬 쇼트카스	칫솔	chissol
kir yuvish kukuni	키르 유비쉬 쿠쿠니	가루비누	karupinu
shampun	샴푼	샴푸	shyamphu
soqol olgich	소콜 올기츠	면도기	myondogi
hojatxona qog'ozi	호잣호나 코고즈	화장지	hvajangji
dush dastagi	두시 다스타기	샤워기	shyavogi
balzam	발잠	린스	linsi
umivalnik	우미발니크	세면대	semyonde
krot	크로트	락스	raksi
sovun	소분	비누	pinu
yuvinish machalkasi	유비니쉬 마찰카스	때밀이 수건	t'emiri sugon
yuvinish geli	유비니쉬 겔리	폼 크린징	pum kilinjing

❖ 화장지 사세요
  (Hvajangji saseyo)
  Hojatxona qog'ozini sotib oling
  (호자트호나 코고지니 소팁 올링)

❖ 치약은 아직 있죠?
  (Chiyagin ajik ichjo?)
  Tish pastasi hali bora-a?
  (트쉬 파스타스 할리 보라-아?)

❖ 샴푸로 머리 감아요
  (Shyomphuro mori kamayo)
  Shampun bilan boshingizni yuving
  (샴푼 빌란 보신기즈니 유빙)

XV. 화장품(Pardoz-andoz buyumlari)

우즈벡어	우즈벡어발음	한국어	한국어 발음
Tonik	토닉	스킨	sikin
lasyon	리스연	로션	loyon
masaj kremi	마사즈 크램이	마사지크림	masajikirem
oziqlantiruvchi krem	오즈크란트루브지 그램	영양크림	yongyangkirim
lab bo'yog'i	랍 부여그	립스틱	lipsitik
tirnoq bo'yog'i	트르노크 부여그	매니큐어	menikyuo
ten	탠	섀도우	sedou
tush	투쉬	마스카라	masikara
pudra	푸드라	파운데이션	paudeishyon
tanalniy krem	타날니에 크램	메이컵베이스	meikobbeisi
atir	아트르	향수	hyingsu
efir yog'i	애프르 여그	에센스	esensi
tozalovchi krem	토졸로브치 크램	크린징 크림	klinnjing krim
podvodka	포드보드카	아이라인	ailain
qosh terg'ich	코쉬 태르기츠	쪽집게	chokchibke
rumyana	륨야나	볼터치	poltochi
sprey	스프레이	스프레이	siperei
soch qotirgich	소츠 코트르기츠	왁스	vaksi
quyosh nuridan saqlovchi krem	쿠여쉬 누리단 사크로브츠 그램	썬크림	s'enkrim
qalam	칼람	펜슬	pensi
atir-upa	아트르 우파	화장품	hvajangpum

❖ 화장품을 쓰지 않아요
   (hvajangpum s'iji anayo)
   Atir-upa ishlatmayman
   (아티르-우파 이쉴라트마이만)

❖ 매일 스킨과 로션을 쓰세요
   (meil sikingva loshyonil s'iseyo)
   Har kuni tonik va lasyondan foydalaning
   (하르 쿠니 그램 바 라스연단 포이달라닝)

❖ 립스틱을 잘 발랐어요.
   (lipsitigil chal pallas'soyo)
   Lab bo'yog'ini yaxshi bo'yadim.
   (랍 부여그니 야흐쉬 수르트딤)

XVI. 아이용품(Bolalar ishlatadigan buyumlari)

우즈벡어	우즈벡어발음	한국어	한국어 발음
prokladka (hayz kurganda ishlatiladigan)	프로클라드카	생리대	sengride
paxtali taglik	파흐탈리 타글리크	면귀저기	myonkvijogi
so'skali idish	소스칼리 이디쉬	젖병	chotpyong
chaqaloqlar qo'lqopi	차칼로그라르 쿨코프	손싸개 손장갑	sons'age
paypoq	파이폭	양말	yangmal
bosh kiyim	보쉬 기에임	모자	moja
bolalar poyafzali	볼라라르 포야프잘리	아기 신발	agi
bolalar kolyaskasi	볼라라르 갈랴스카스	유모차	yumocha
bolalar o'yinchog'i	볼라라르 우에인초그	장난감	changnankam
so'lakcha	솔라그차	턱받이	thokpathi
dastro'mol	다스트로몰	손수건	sonsugon
pudra	푸드라	파우더	paudo
bolalar sovuni	볼라라르 소부니	유아비누	yuaphinu
bolalar shampuni	볼라라르 샴푼이	아기 샴푸	agi shyamphu
bolalar jihozlari	볼라라르 지호즈	유아용품	yua yongphum
Kasha	가샤	이유식	iyushik

❖ 우리아기 귀저기 갈아 주세요.
   (Uri agi kvijogi kara chuseyo)
   Bolamni tagligini almashtirib qo'ying
   (볼람니 타글리기니 알마쉬티립 코에잉)

❖ 아이 신발을 신겨 주세요.
   (Ai shinbaril shigyo chuseyo)
   Bolani poyafzalini kiygizib qo'ying
   (볼라니 포야프잘리니 기에그집 코에잉)

❖ 우리아이 장남감을 사주세요
   (Uriagi changnamkamil sachuseyo)
   Bolamga o'yinchoq olib bering
   (볼람가 우에인처크 올립 베링)

제2부 주로 사용하는 단어

제3부 유용한 대화들 🎧

Foydali iboralar

사랑은 맛 피었다

우즈벡에서 유용한 대화들
(O'zbeklarda qo'llaniladigan gaplar)

제1과 처음 만날 때(Birinchi bor uchrashganda)

❖ 안녕하세요?
(annyonghaseyo')
Assalomu alaykum!
(아쌀러무 알라이쿰)

❖ 안녕
(annyong)
Salom!
(쌀럼)

❖ 안녕히 가세요!
(annyonghi kaseyo')
Yaxshi boring!
(야흐시 뻐링)

❖ 처음 뵙겠습니다.
(choim pepkessimnida)
Tanishganimdan xursandman.
(타느시갸늠단 후르산드만)

❖ 만나서 반갑습니다.
(mannaso pangamsimnida)
Uchrashganimdan xursandman.
(우츠라시갸늠단 후르산드만)

제3부 유용한 대화들 153

❖ 이름이 무엇입니까(무엇이에요)?
  (irimi muoshimnikka(muoyeyo?))
  Ismingiz nima?
  (이슴민기즈 느마)

❖ 제 이름은 ------입니다(이에요)
  (che irimin _____ imnida)(iyeyo')
  Mening ismim _____ .
  (메닝 이스음 _____)

❖ 몇 살입니까(이에요)?
  (myossarimnikka (myossariyeyo'))
  Necha yoshdasiz?
  (네차 여시다스즈)

❖ 스무살입니다(이에요)
  (simusarimida(simusariyeyo'))
  Yigirma yoshdaman.
  (이기르마 여시다만)

❖ (다음에)또 만납시다(봐요)
  ((taime) tto' mannapshida (pvayo'))
  Keyin yana uchrashguncha.
  (케인 야나 우츠라시균차)

❖ 네 또 뵙겠습니다.
  (ne tto' pepgessimnida)
  Ha, yana uchrashguncha.
  (하, 야나 우츠라시균차)

❖ 가족이 몇 명입니까(명 이에요)?
(kajo'gi myommyongimnikka (myongiyeyo'))
Oilada nechtasizlar?
(어일라다 네치타스즐라르)

❖ 당신의 직업은 무엇입니까(이에요)이에요?
(tangshine chigobin muoshimnikka (iyeyo'))
Kim bo'lib ishlaysiz?
(킴 볼릅 이실라이스즈)

❖ 왜 한국 사람하고 결혼 하려고 합니까(해요)?
(ve hanguk saramhago' kyo'ron haro'go' hamnikka(heyo'))
Nima uchun koreys xalqiga mansub inson bilan turmush qurmoqchisiz?
(느마 우춘 코레이스 할크갸 만숩 인선 블란 투루무시 쿠르머크치스즈)

❖ 학교는 어디 나왔습니까(나왔어요)?
(hakkyo'nin odi navassimnikka (navassoyo'))
Qaysi oliygohni tugatgansiz?
(카이스 얼리거흐느 투갸트갼스즈)

❖ 초등학교(중학교, 고등학교, 대학교)를 졸업했습니다(했어요)
(cho'dinghakkyo'(chunghakkyo', ko'dinghakkyo' tehakkyo')ril cho'rophessimnida(jessoyo')
Boshlang'ich maktab(o'rta maktab, kollej (litsey), oliygoh (institut))ni tugatganman.
(버실란그츠 마키탑(오르타 마키탑, 콜레즈(리세이), 어리거흐(인스티툩)) 느 투같간만)

❖ 부모님과 함께 삽니까(사나요)?
   (pumonimgva hamkke samnikka (sanayo'))
   Ota-onangiz bilan yashaysizmi?
   (어타-어난기즈 블란 야샤이스즈므)

❖ 고향이 어디입니까(어디예요)?
   (ko'hyangi odiimnikka (odiyeyo))
   Ona yurtingiz qayer?
   (어나 유르틴기즈 카예르)

제2과 데이트및 신혼 첫날 밤 대화

(Uchrashuvda hamda to'ydan so'ng birinchi tunda qo'llaniladigan gaplar)

❖ 남성: 나는 당신을 사랑 합니다.
   (namsong: naning tangshinil saranghamnida)
   Men sizni sevaman.
   (멘 스즈느 세바만)

❖ 여성: 나는 당신을 사랑 합니다.
   (yosong: nanin tangshinil saranghamnida)
   Men sizni sevaman.
   (멘 스즈느 세바만)

❖ 한국으로 돌아가면 당신 보고 싶을 것입니다(거예요).
   (hangugiro' to'rakamyon tangshin po'go' shipil koshimnida (koyeyo'))
   Koreyaga qaytib ketsangiz sizni sog'inaman.
   (코레야갸 카이틉 켙산기즈 스즈느 서그나만)

❖ 식사 하십시오(하세요)

　(shiksa hashipshio'(haseyo'))

　Ovqatlaning.

　(어브카틀라닝)

❖ 우즈벡의 샤슬릭이 맛있습니다(맛있어요)

　(ujibege shashilligi mashissimnida (mashissoyo'))

　O'zbekistonning six-kabobi mazzali.

　(오즈베키스턴닝 스흐-캬버브 맞잘리)

❖ 식당이 어디 있습니까(있어요)?

　(shiktangi odiissimnikka (issoyo'))

　Oshxona (restoran) qayerda joylashgan?

　(어시허나 (레스토란) 카예르다 저일라시갼)

❖ 지금은 너무 덥습니다(더워요)

　(chigimin nomu topsimnida (tovoyo'))

　Hozir juda issiq.

　(허즈르 주다 이쓱)

❖ 에어컨 좀 켜주십시오(주세요)

　(eokon chom khyo chushipshio' (chuseyo'))

　Konditsionerni yoqib bering.

　(콘디즈오네르느 여큡 베링)

❖ 먼저 타십시오(타세요)

　(monjo tashipshio' (taseyo'))

　Avval siz chiqing.

　(압발 스즈 치킁)

- 당신 먼저 하십시오(하세요)
  (tangshin monjo hashipshio' (haseyo')
  Siz birinchi qiling.
  (스즈 브른츠 클링)

- 샤워하세요(씻어세요).
  (shavo haseyo' (shisoseyo')
  Dush qabul qiling. (Yuvining)
  (두시 카불 클링 (유브닝)

- 불 꺼 주십시오(주세요).
  (pul kko chushipshio' (chuseyo')
  Chiroqni o'chiring.
  (치럭느 오츠링)

- 문을 잠가 주십시오(주세요).
  (munil chamga chushipshio' (chuseyo')
  Eshikni qulflang.
  (에싴느 쿠루플랑)

- 옷 벗으세요
  (osil posiseyo')
  Kiyimingizni yeching.
  (키이민기즈느 예칭)

- 편안히 계십시오(계세요)
  (pyonani keshipshio' (keseyo')
  O'zingizni erkin qo'ying.
  (오즌기즈느 에르킨 코잉)

❖ 옆에 누우세요
  (yope nuuseyo')
  Yonimga yoting.
  (여늠갸 여팅)

❖ 제 팔을 베고 누우세요.
  (che paril ppego' nuuseyo')
  Mening qo'limga yoting
  (메닝 콜림가 요팅)

❖ 오늘은 제 몸이 많이 피곤합니다(해요).
  (o'niril che mo'mi mani phiko'nhamnida (heyo')
  Bugun ta'na a'zolarim juda charchagan.
  (부꾼 타나 아절라름 주다 차르차걈)

❖ 잠자고 싶습니다(싶어요).
  (cham chago' shipsimnida (shipoyo')
  Uxlagim kelyapti.
  (우흘라김 켈얍트)

❖ 타월(수건) 어디있습니까(있어요)?
  (thavol (sugon) odiissimnikka (issoyo')
  Sochiq qayerda?
  (서측 카예르다)

❖ 불이 안 들어 왔습니다(왔어요).
  (puri an tiro vassimnida (vassoyo')
  Chiroq kelmadi.
  (치럭 켈마드)

❖ 샤워기가 고장 났습니다(났어요)
 (shyavogiga ko'jang nassimnida (nassoyo'))
 Dush buzildi,
 (두시 부즐드)

❖ 변기가 고장 났습니다(났어요)
 (pyongiga ko'jang nassimnida (nassoyo'))
 Unitaz buzildi.
 (우니타즈 부즐드)

❖ 내일 사랑을 나누면 어때요?
 (neil sarangil nanumyon otteyo)
 Ertaga birga bo'lishimizga nima deysiz?
 (에르타갸 브르갸 보르시므즈갸 칸다이 카라이스즈)

❖ 칫솔과 치약 그리고 면도기가 없어요.
 (chisso'lgva chiyak kirigo' myondo'giga opsoyo')
 Tish cho'tkasi bilan tish pastasi, shuningdek soqol oladigan yo'q.
 (트시 촐가스 블란 트시 바스타스, 슈닝덱 서컬 얼라디갼 욕)

제3과 결혼식 때 대화

(To'yda qo'llaniladigan gaplar.)

❖ 부모님 감사합니다.
  (pumo'nim kamsahamnida)
  Dadajon-oyijon rahmat sizlarga!
  (아다전–어이전 라흐맡 스즐라르갸)

❖ 저희 절 받으십시오(받으세요).
  (choi chol padishipshio' (padiseyo')
  Bizning ta'zimimizni qabul qiling.
  (브즈닝 타즈므므즈느 카뿔 클링)

❖ 한국에 돌아가면 행복하게 잘 살겠습니다.
  (hanguge to'rakamyon hengbo'khage chal salgessimnida)
  Koreyaga borsam baxtli hayot kechiraman.
  (코레야갸 버르삼 바흐틀리 하여트 케치라만)

❖ 너무 걱정하지 마십시오(마세요).
  (nomu kokjong haji mashipshio' (maseyo')
  Juda xavotir bo'lmang.
  (주다 하버트르 볼망)

❖ 자주 연락드리겠습니다.
  (chaju yollak tirigessimnida)
  Tez-tez xabarlashib turaman.
  (테즈–테즈 하바를라시브 투라만)

❖ 이것은 한국에서 준비한 선물입니다.
(igosin hangugeso chunbihan sommurimnida)
Bu Koreyadan sovg'am.
(뿌 코레야단 서브감)

❖ 제 성의이니까 받아 주십시오(주세요).
(che sangiinikka pada chushipshio')
Chin qalbim bilan berayapman qabul qiling.
(친 칼븜 블란 베라야프만 카뿔 클링)

❖ 바쁘신데 저희 결혼식에 와 주셔서 감사 합니다.
(papishinde choi kyoro'nshige va chushyoso kamsahamnida)
Bandligingizga qaramay qizning to'yimizga tashrif buyurganingiz uchun rahmat.
(반들리긴기즈갸 카라마이 브즈닝 토이미즈갸 타시맆 뿌유르갸닌기즈 우춘 라흐맡)

제4과 식당에서 대화
(Oshxona (restoran)da suhbat)

❖ 어서 오십시오(어서오세요).
(oso o'shipshio' (oso o'seyo'))
Hush kelibsiz!
(후시 켈르브스즈)

❖ 여기요! 주문받으세요.
(yogiyo! chumun padiseyo')
Qarab yuboring. Buyurtmani qabul qiling.
(카랍 유뻐링. 뿌유르트마느 카뿔 클링)

❖ 주문하시겠어요?
　(chumun hashigessoyo')
　Buyurtma berasizmi?
　(뿌유르트마 베라스즈므)

❖ 무엇을 드시겠어요?
　(muosil tishigessoyo')
　Nima yeysiz?
　(느마 에이스즈)

❖ 밥을 주세요.
　(pabil chuseyo')
　Guruch bering.
　(구루츠 베링)

❖ 빵과 스프 주세요.
　(Panggva sipi chuseyo')
　Non bilan sho'rva bering.
　(넌 블란 쇼르바 베링)

❖ 음료수는 무엇으로 할까요?
　(imnyosunin muosiro' halkkayo')
　Qanday yaxna ichimlik ichamiz?
　(칸다이 야흐나 이침릭 이차므즈)

❖ 물 주세요.
　(mul chuseyo')
　Suv bering.
　(수브 베링)

제3부 유용한 대화들　163

- 지금 배 고파요.

  (chigim ppe ko'phayo')

  Hozir qornim och.

  (허즈르 커르늠 어츠)

- 화장실이 어디 있습니까(어디예요)

  (hvajangshiri odi issimnikka)

  Hojatxona qayerda?

  (허잩허나 카에르다)

- 디저트는 무엇으로 하시겠어요?

  (dijotinin muosiro' hashigessoyo')

  Disertga nima yeysiz?

  (디세르트갸 느마 예이스즈)

- 커피 한잔 주세요.

  (kophi han chan chuseyo')

  Bitta qahva bering.

  (삐타 카흐바 베링)

- 수저 주십시오(주세요)

  (sujo chushipshio' (chuseyo')

  Ovqat uchun qoshiq va tayoqchalar bering.

  (어브카트 우춘 커식 와 타여크찰라르 베링)

- 화장지 주십시오(주세요).

  (hwajangji chushipshio' (chuseyo')

  Qog'oz sochiq bering, iltimos.

  (커거즈 서츠크 베링)

❖ 커피 한잔 주십시오(주세요).
(kophi hanchan chushipshio' (chuseyo')
Bitta qahva bering.
(삐타 카흐바 베링)

❖ 더 필요한 것 없으십니까(없으세요)?
(to piro'han go opsishimnikka (opsiseyo')
Yana u-bu narsa kerak emasmi?
(야나 우-뿌 날사 케락 에마스므)

❖ 이쑤시게 주십시오(주세요)
(issushige chushipshio' (chuseyo'))
Tish kovlagich bering.
(트시 커블라기츠 베링)

❖ 입 주위를 닦으세요
(ip chuviril tagiseyo')
Og'iz atrofini arting.
(어그즈 아트러프느 아르팅)

❖ 계산은 각자가 부담하십시오(하세요).
(kesan kakja pudamhashipshio' (haseyo')
Hisobni alohida amalga oshiring.
(흐섭느 알러히다 아말갸 어시링)

❖ 잔돈(거스럼돈)은 가지십시오(가지세요)
(chanto'n (kosirim to'n)in kajishipshio' (kajiseyo')
Qaytimini o'zingizga qoldiring.
(카이트므느 오진기즈갸 컬드링)

❖ 제가 내겠습니다(낼께요).
   (chega negessimnida (nelkkeyo')
   Men to'layman.
   (멘 톨라이만)

제5과 이동시 대화

(Joydan-joyga siljishga oid gaplar.)

❖ 실례합니다. 여기가 어디시죠?
   (shillehamnida/ yogiga odishijyo')
   Kechirasiz, bu yer qayer?
   (케치라스즈 뿌 예르카예르)

❖ 길을 잃었습니다(잃었어요).
   (kiril irossimnida (irossoyo')
   Adashib qoldim.
   (아다십 컬듬)

❖ 이 호텔까지 어떻게 갑니까(가나요)?
   (i ho'telk'aji ottokke kamnikka (kanayo')
   Bu mehmonxonaga qanday borsa bo'ladi?
   (뿌 메흐먼허냐 칸다이 버르사 볼라드)

❖ 죄송합니다. 저도 여기가 처음입니다.
   (chvesonghamnida. chodo' yogiga choim imnida)
   Uzr, men ham bu yerda birinchi martaman.
   (우즈르, 멘 함 뿌 예르따 브른치 마르타만)

❖ 이 길을 따라 가세요.
   (i kil ttara kaseyo')
   Bu yo'ldan boring.
   (뿌 욜단 버링)

제6과 호텔에서 대화

(Mehmonxonadagi suhbat.)

❖ 방(룸) 있습니까(있어요)?
   (pang (rum) issimnikka (issoyo')
   Xona bormi?
   (허나 버르므)

❖ 방을 예약하고 싶습니다(싶은데요?)
   (pangil yeyakhago' shipsimnida (shipindeyo'))
   Xonani bron qilib qo'ymoqchiman. (qo'ymoqchi edim)
   (허나느 브런 클릅 코이먹치만 (코이먹치 에듬)

❖ 어떤 방을 드릴까요?
   (otton pangil tirilk'ayo')
   Qanday xonani beray?
   (칸다이 허나느 베라이)

❖ 싱글 룸 하나 주십시오(주세요)
   (shingil rum hana chushipshio'(chuseyo')
   Bitta kishilik xonani bering.
   (삐타 키실릭 허나 베링)

제3부 유용한 대화들 167

❖ 하루 방 값 얼마입니까(얼마예요)?
　(haru pang kap olmaimnikka (olmayeyo')
　Bir kunlik to'lovi qancha?
　(쁘르 쿤릭 톨러브 칸차)

❖ 선불입니다(이예요)
　(sonburimnida (sonburiyeyo')
　Oldindan to'lanadi.
　(아반스)

❖ 며칠 동안 묵을 것입니까(거예요)?
　(myochil to'ngan mugil goshimnikka (koyeyo')
　Necha kun tunaysiz?
　(네차 쿤 투나이스즈)

❖ 7일 동안 묵을 예정입니다
　(chiril to'ngan mugil yejong imnida)
　7 kun davomida tunashni mo'ljal qilyapman.
　(예트 쿤 다버므다 투나시느 몰잘 클르야프만)

❖ 몇 호실입니까(이예요)?
　(myothoshirimnikka (myotho'shiriyeyo')
　Nechanchi xona?
　(네찬츠 허나)

❖ 짐 좀 올려 주십시오(주세요)
　(chim chom o'llyo chushipshio' (chuseyo'))
　Yuklarimni olib chiqib bering, iltimos.
　(육라르느 얼릅 츠큽 베링, 일트머스)

❖ 짐 좀 내려 주십시오(주세요)
   (chim cho'm neryo chushipshio')
   Yuklarimni tushirib bering, iltimos.
   (육라르느 투시릅 베링, 일트머스)

❖ 방을 반납하고 싶습니다(싶어요).
   (pangil pannaphago' shipsimnida (shipoyo')
   Xonani qaytarib bermoqchiman.
   (허나느 카이타릅 베르먹치만)

❖ 아침 식사도 포함됩니까(되나요)?
   (achim shiksado' po'ham tvemnikka (tvenayo')
   Nonushta ham ichiga kiradimi?
   (너누시타 함 이치갸 크라드므)

❖ 여기 계산서예요.
   (yogi kesansoyeyo')
   Marhamat, bu hisob-kitob varag'c.
   (마르하마트 뿌 흐섭-키텁 후쫠라르)

❖ 환전 됩니까(돼요)?
   (hwanjon tvemnikka (tveyo')
   Pulni almashtirish imkoniyati bormi?
   (풀느 알마시트르시 임커니야트 버르므)

❖ 전화 오면 바꿔주십시오(주세요)
   (chonhva o'myon pakkvo chushipshio' (chuseyo'))
   Qo'ng'iroq qilishsa ulab bering.
   (콩그럭 클르시사 울라브 베링)

❖ 내일 8시에 깨워 주십시오(주세요)
(neil' yodolshie kkevo chushipshio' (chuseyo'))
Ertaga soat 8 da uyg'oting.
(에르타갸 서앝 사끄즈다 우이거팅)

❖ 택시 불러 주십시오(주세요)
(tekshi pullo chushipshio (chuseyo'))
Taksi chaqirtirib bering, iltimos.
(탁시 차크르트릅 베링 일트머스)

❖ 여기서 세탁이 됩니까(돼요)?
(yogiso sethagi tvemnikka (tveyo'))
Bu yerda kir yuvish mumkinmi?
(뿌 예르다 클 유브시 뭄킨므)

❖ 세탁비는 얼마입니까(얼마예요)?
(sethakbinin olmaimnikka (olmayeyo'))
Kirni yuvish necha pul?
(클느 유브시 네차 풀)

❖ 제 방 키(열쇠)는 어디 있습니까(있나요)?
(che pang khi (yolsve)nin odi issimnikka (innayo')
Mening xonamning kaliti qayerda?
(메닝 허남닝 캴르트 카예르다)

❖ 제가 방 키(열쇠)를 잃어 버렸습니다(버렸어요)
(chega pang khi (yolsve)ril' iroboryossimnida (boryossoyo'))
Men xona kalitini yo'qotib qo'ydim.
(멘 허나 캬르트느 요커틉 코이듬)

❖ 식사 주문도 됩니까(돼요)?
(shiksa chumundo' tvemnikka (tveyo')
Yegulik buyurtirish ham mumkinmi?
(예굴릭 부유르트르시 함 뭄킨므)

한국에서 유용한 대화
(Koreyada kerak bo'ladigan gaplar)

제1과 신부 입국(공항에서)
(Kelinning tashrifi (Aeroportda))

❖ 여권 보여 주십시오(주세요)
   (yokvon po'yo chushipshio' (chuseyo'))
   Pasportingizni ko'rsatib yuboring.
   (파쓰포르틴기즈느 코르사틉 유뻐링)

❖ 티켓 보여 주십시오(주세요)
   (thiket po'yo chushipshio' (chuseyo'))
   Chiptangizni ko'rsatib yuboring.
   (치프탄기즈느 코르사틉 유뻐링)

❖ 여권과 티켓이 여기 있습니다(있어요)
   (yokvongva thikeshi yogi issimnida (issoyo'))
   Pasport bilan chiptam mana
   (파쓰포르트 블란 치프탐 마나)

❖ 한국에 오신 이유가 무엇입니까(뭐에요)?
   (hanguge o'shin iyuga muoshimnikka (muoyeyo'))
   Koreyaga kelganligingiz sababi nima?
   (코레야갸 켈갼리긴기즈 사바브 느마)

❖ 한국 사람과 결혼 했습니다(했어요)
   (hanguk saramkva kyo'ron hessimnida (hessoyo'))
   Koreyalik inson bilan turmush qurganman.
   (코레얄릭 인선 블란 투르무시 쿠르간만)

❖ 출입국 카드는 어떻게 작성 합니까(하나요)?
  (churipguk kadinin ottokke chaksong hamnikka (hanayo')
  Immigratsionniy kartochkani qanday to'ldirsa bo'ladi?
  (임미그라트시온니에 가르토즈가니 칸다이 톨디르사 볼라드?)

❖ 짐은 어디서 찾습니까(찾나요)?
  (chimin odiso chassimnikka (chatnayo')
  Yuklarni qayerda olsa bo'ladi?
  (육랄느 카예르다 얼사 보라드)

❖ 가방을 잃어 버렸습니다(버렸어요).
  (kabangil iro boryossimnida (boryossoyo')
  Sumkamni yo'qotib qo'ydim.
  (숨감느 요커팁 코이듬)

❖ 걱정하지 마십시오(마세요). 가방을 찾아드리겠어요.
  (kokjonghaji mashipshio' (maseyo'). kabangil chaja tirigessoyo')
  Xavotirlanmang. Sumkangizni topib beramiz.
  (하버트를란망/ 숨간기즈느 터픕 베라므즈)

❖ 몇 번 출구로 가야 합니까(하나요)?
  (myobbon chulguro' kaya hamnikka (hanayo'))
  Nechanchi chiqishjoyiga borishim kerak?
  (네찬츠 치크시가 버리심 케락)

제2과 신부가 시집 왔을 때
(Kelin kelinlik uyiga tashrif buyurganda.)

❖ 부모님 안녕 하세요
(pumo'nim annyonghaseyo')
Oyijon-dadajon, assalomu allaykum!
(어이전-아다전, 아쌀러무 알라이쿰)

❖ 부모님 건강 하세요
(pumo'nim konganghaseyo')
Oyijon-dadajon sog' bo'ling?
(어이전-아다전 서크 볼링)

❖ 부모님과 친척 뵙게 되어서 반갑습니다.
(pumo'nimgva chinchok pepkke tveso' pangapsimnida)
Oyijon-dadajon va qarindoshlar bilan tanishganimdan xursandman.
(어이전-아다전 바 카른더실라르 빌란 타니쉬가님단 후르산드만)

❖ 한국말은 아직 잘 못합니다(못해요)
(hangukmaril' ajik chal mo'thamnida (mo'theyo'))
Koreys tilini hali uncha yaxshi bilmayman.
(코레이스 틀르느 할르 운차 야흐시 블마이만)

❖ 한국음식을 아직 잘 못 먹습니다(먹어요).
(hangukimshigil ajik chal mo'mmoksimnida (mogoyo'))
Koreys taomlarini hali yaxshi iste'mol qila olmayman.
(코레이스 타엄라르느 할르 야흐시 이스테멀 클라 얼마이만)

❖ 어머님 한국말과 음식요리 가르쳐 주십시오(주세요)
(omoni hangukmalgva imshikyo'ri karicho chushipshiyo' (chuseyo')

Oyijon, koreys tili va koreys taomlarini tayyorlash usullarini o'rgatib bering, iltimos.
(어이전, 코레이스 틀르 와 코레이스 타염라르느 타여를라시 우술라르느 오르갸팅, 일트머스)

❖ 가족 모두 저를 사랑해 주세요
(kacho'k mo'du choril' saranghe chuseyo')

Oilam a'zolari barchangiz meni yaxshi ko'ring, iltimos.
(어일람 아절라르 빠르찬기즈 메느 야흐시 코링, 일트머스)

❖ ~에게 드리려고 고향에서 가져온 선물입니다.
(~ege tiriryo'go' ko'hyangeso kajyoo'n somurimnida)

~ga berish uchun Vatanimdan olib kelgan sovg'am.
(~갸 뻬르시 우춘 바타늠단 얼릅 켈갼 서브감)

❖ 몇 시에 일어나야 합니까(하나요)
(myoshiye ironaya hamnikka (hanayo')

Soat nechada uyg'onishim kerak?
(서앝 네치다 우이거느심 케락)

❖ 국제전화 비싸니 전화 많이 안 하겠어요.
(gukchechonhva pissanikka chonhva mani an hagessoyo')

Xalqaro qo'ng'iroq qimmat bo'lganligi sababli ko'p qo'ng'iroq qilmayman.
(할카러 콘그럭 큼마트 볼간리기 사밥리 콥 콩그럭 킬마이만)

❖ 국제전화 카드 사주세요.
   (gukche chonhva kadi sachuseyo')
   Xalqaro qo'ng'iroqlarni amalga oshirish mumkin bo'lgan kartochka sotib olib bering, iltimos.
   (할카러 콘그럭라르느 아말갸 어시리시 뭄킨 볼갼 카르코츠카 서틉 어릅 베링, 일트머스)

제3과 남편이 일하러 갈 때(갔다 올 때)
(Xo'jayini ishga ketayotgan vaqtida.)

❖ 다녀오세요(오십시오)!
   (tanyo o'seyo' (o'shipshio'))
   Yaxshi borib keling!
   (야흐시 버릅 켈링)

❖ 다녀오셨어요?
   (tanyo o'shossoyo'?)
   Yaxshi borib keldingizmi?
   (야흐시 버릅 켈딘기즈므)

❖ 어, 갔다 왔어요.
   (o, katta vassoyo')
   Ha, borib keldim.
   (하, 버릅 켈뜸)

❖ 많이 힘드셨죠?
   (mani himdishochyo')
   Rosa charchagandirsiz-a?
   (러사 차르차갼들스자)

❖ 괜찮아요, 집에 와서 당신을 보니까 좋아요.
(kvenchanayo', chibe vaso tangshinil po'nikka choayo')

Hechqisi yo'q, uyga kelib sizni ko'rganim uchun yaxshi-man.
(헤츠크승욕, 우이갸 켈릅 스즈느 코르갸늠 우춘 야흐시만)

❖ 시원한 것 좀 드실래요?
(shivonan got cho'm tishilleyo')

Salqinroq ichimlik ichasizmi?
(살큰럭 이침릭 이차스즈므)

❖ 고마워요, 시원한 물 좀주세요.
(ko'mavoyo', shivonan mul cho'm chuseyo')

Rahmat. Muzdekkina suvdan bering.
(라흐마트. 부즈덱키나 수브단 베링)

❖ 저녁 준비 다 됐어요.
(chonyok chunbi ta tvessoyo')

Kechki ovqat tayyor.
(케츠키 어브카트 타여르)

❖ 당신 샤워하고 저녁 같이 드세요.
(tangshin shavohago' chonyok kachi tiseyo')

Siz dush qabul qiling, so'ngra birga ovqatlanamiz.
(스즈 뚜시 카불 클링, 송라 브르갸 어브카틀라나므즈)

❖ 어, 당신 만든 음식 빨리 먹고 싶어요.
(o, tangshin mandin imshik ppalli mokko' shipoyo')

Siz tayyorlagan ovqatingizni tezroq yegim kelayapti.
(스즈 타여를라갼 어브카틴기즈느 테즈럭 예김 켈얍트)

제4과 인사
(Salomlashish.)

❖ 안녕하십니까(안녕하세요)?
  (annyonghashimnikka (annyonghaseyo'))
  Assalomu alaykum!
  (아쌀러무 알라이쿰)

❖ 만나서 반갑습니다(반가워요)
  (mannaso pangapsimnida (pangavoyo'))
  Uchrashganimdan xursandman.
  (우츠라시갸늠딴 후르산드만)

❖ 어느 나라 사람입니까(이에요)?
  (oni nara saramimnikka (iyeyo'))
  Qayerliksiz?
  (카예르릭스즈)

❖ 우즈벡 사람입니다(이에요)
  (ujibek saramimnida(iyeyo))
  O'zbekman.
  (오즈벡만)

❖ 한국에서 무슨 일을 합니까(해요)?
  (hangugeso musin iril hashimnikka (heyo'))
  Koreyada nima ish bilan shug'ullanasiz?
  (코레야다 느마 이시 블란 쑤쿨라나스즈)

❖ 가정주부입니다(가정주부예요)

　(kajong chubu imnida (kajong chubuyeyo'))

　Uy bekasiman.

　(우이 베캬스만)

❖ 혼자 왔어요?

　(ho'nja vassoyo'?)

　Yolg'iz keldingizmi?

　(열그즈 켈딘기즈므)

❖ 남편과 같이 왔습니다(왔어요)

　(nampyongva kachi vassoyo')

　Xo'jayinim bilan birga keldim.

　(호자이늠 블란 브르갸 켈뜸)

❖ 한국어를 아세요?

　(hangugoril aseyo')

　Koreys tilini bilasizmi?

　(코레이스 틀르느 블라스즈므)

❖ 지금 한국어를 배우고 있습니다(있어요)

　(chigim hangugoril peugo' issimnida (issoyo'))

　Hozir koreys tilini o'rganyapman.

　(허즈르 코레이스 틀르느 오르갼얍만)

● 자주 만나는 사이의 인사(Tez-tez uchrashib turadigan odam bilan salomlashish)

❖ 요즘 어떻게 지내세요

　(yo'jim ottokke chineseyo')

　Shu kunlarda qanday yuribsiz?

　(쑤 쿠라르따 칸따이 우릅스즈)

제3부 유용한 대화들　179

❖ 건강하세요?
(konganghaseyo')
Sog'misiz?
(서그므스즈)

❖ 가족도 건강하세요?
(kajo'kdo' konganghaseyo')
Uydagilar tuzukmi?
(우이다길라르 투죽므)

❖ 안부(인사)를 좀 전해주세요.
(anbu (insa)ril' cho'm honechuseyo')
Salomimni yetkazib qo'ying.
(살러믐느 예트까즙 코잉)

❖ 많이 도와 주셔서 감사 합니다
(mani tova chushyoso kamsahamnida)
Rosa yordam berganingiz uchun rahmat.
(러사 여르담 베르갸닌기즈 우춘 라흐맡)

❖ 시간 있으면 놀러 오세요
(shigan issimyon no'llo o'seyo')
Vaqtingiz bo'lganda keling.
(빠크틴기즈 뽈간따 켈링)

❖ 요즘 회사일 바빠요?
(yo'jim hvesa il pappayo'?)
So'nggi paytlarda firma ishlari bilan bandmisiz?
(송기 파일라르따 피르마 이실라르 블란 반드므스즈)

❖ 그저 그래요.
  (kijo kireyo')
  O'rtacha.
  (오르타차)

❖ 도움이 필요하시면 말씀하세요.
  (to'umi phiryo'hashimyon malssimhaseyo')
  Yordamim kerak bo'lsa ayting.
  (여르따듬 케략 뽈싸 아이팅)

◐ 헤어질 때의 인사(Xayrlashish)

❖ 지금 가야 합니다(해요).
  (chigim kaya hamnida (heyo'))
  Hozir ketishim kerak
  (허즈르 케트심 케략)

❖ 또 만나요(또 만납시다)
  (tto' mannayo')
  Yana uchrashguncha
  (야나 우츠라시꾼차)

❖ 잘 가요.
  (chal kayo')
  Yaxshi boring.
  (야흐시 뻐링)

❖ 조심해서 가세요.
  (cho'shimheso kaseyo')
  Ehtiyot bo'lib boring
  (에흐티욭 뽈릅 뻐링)

❖ 잘 지내세요.

(chal chineseyo')

Yaxshi yuring.

(야흐시 유링)

❖ 또 연락할께요.

(tto' yollakhalk'eyo')

Yana xabarlashamiz

(야나 하빠를라샤므즈)

❖ 안녕히 가세요.

(annyonghi kaseyo')

Yaxshi boring

(야흐시 뻐링)

❖ 안녕히 계세요.

(annyonhi keseyo')

Yaxshi qoling

(야흐시 컬링)

❖ 또 뵙겠습니다.

(tto' pepkessimnida)

Yana ko'rishamiz

(야나 코르샤므즈)

❖ 가 보겠습니다.

(ka bo'gessimnida)

Ketyapman.

(케트얍만)

❖ 건강 조심하세요.
  (kongan cho'shimhaseyo')
  Sog'lig'ingizni asrang.
  (서글리긴기즈느 아스랑).

❖ 좋은 하루 되세요.
  (cho'in haru tveseyo')
  Kuningizni yaxshi o'tsin.
  (쿠닌기즈느 야흐시 옽슨)

❖ 잘 갔다 오세요(다녀오세요)
  (chal katta o'seyo' (tanyo o'seyo'))
  Yaxshi borib keling
  (야흐시 뻐릅 켈링)

❖ 실례하지만 먼저 갈게요.
  (shillejiman monjo kalkkeyo')
  Uzr men bora qolay.
  (우즈르 멘 뻐라 컬라이)

제5과 질문 – 대답

(Savol – javob)

❖ 이름이 뭐예요?
  (irimi muoyeyo'?)
  Ismingiz nima?
  (이스민기즈 느마?)

❖ 누구예요?
  (nuguyeyo'?)
  Kimsiz?
  (킴스즈?)

❖ 무슨 일을 하세요?
  (musin iril haseyo'?)
  Nima ish qilasiz?
  (느마 이시 클라스즈?)

❖ 어디에서 오셨어요?
  (odieso o'shossoyo'?)
  Qayerdan keldingiz?
  (카예르딴 켈딘기즈?)

❖ 지금 어디에 계세요?
  (chigim odie keseyo'?)
  Hozir qayerdasiz?
  (허즈르 카예르따스즈?)

❖ 집은 어디예요?
  (chibin odiyeyo'?)
  Uyingiz qayerda?
  (우인기즈 카예르따?)

❖ 몇 살이에요?
  (myossariyeyo'?)
  Necha yoshdasiz?
  (네차 여시다스즈?)

❖ 오늘 며칠이에요?

  (o'nil myochiriyeyo'?)

  Bugun nechanchi sana?

  (뿌꾼 네찬츠 사나?)

❖ 오늘 무슨 요일이에요?

  (o'nil musin yo'iriyeyo'?)

  Bugun qaysi hafta kuni?

  (뿌꾼 카이스 하프타 쿠느?)

❖ 몇시에 학교에 가요?

  (myoshie hakkyo'e kayo'?)

  Soat nechada maktabga borasiz?

  (서알 네치따 막탑갸 버르스즈?)

❖ 어디에 가요?

  (odiye kayo'?)

  Qayerga ketyapsiz?

  (카예르갸 켙야프스즈?)

❖ 무엇을 타고 오셨어요?

  (muosil tago' o'shossoyo'?)

  Nimada keldingiz?

  (느마갸 켈딘기즈)

❖ 오늘 날씨가 어때요?

  (o'nil nalshiga otteyo'?)

  Bugun havo qanday?

  (뿌꾼 하버 칸다이?)

제3부 유용한 대화들 185

❖ 이것은 무엇이에요?

(igosin muoshiyeyo'?)

Bu nima?

(뿌 느마?)

❖ 요즘 뭐 하세요?

(yo'ji muo haseyo'?)

Bu kunlarda nima qilyapsiz?

(뿌 쿤라르따 느마 크럅스즈?)

❖ 한국에서 우즈벡까지 얼마나 걸려요?

(hangugeso ujibekkaji olmana kollyoyo?)

Koreyadan O'zbekistongacha nechchi soat ketadi?

(코레야딴 오즈베키스턴까차 네치 사앝 케타드?)

❖ 서울에서 부산 까지 얼마나 멀어요?

(soureso pusank'aji olmana moroyo')

Seuldan Busangacha qanchalik uzoq?

(세울딴 부산까차 칸ㅌ찰릭 우적)

❖ 언제 결혼해요?

(onje kyoro'nheyo'?)

Qachon turmush qurasiz?

(카천 투르무씨 쿠라스즈?)

❖ 됐어요?

(tvessoyo'?)

Bo'ldimi?

(뽈드므?)

- 어때요?

  (otteyo'?)

  Qalay?

  (칼라이?)

- 왜요?

  (veyo'?)

  Nimaga?

  (느마가??)

- 괜찮아요?

  (kvenchanayo'?)

  Hammasi joyidami?

  (hammasi joidami?)

- 맞아요?

  (majayo'?)

  To'g'rimi?

  (토그르므?)

- 없어요?

  (opsoyo'?)

  Yo'qmi?

  (요크미?)

- 먹어도 돼요?

  (mogodo' tveyo'?)

  Yesa bo'ladimi?

  (예사 뽈라드므?)

❖ 있어요?
　(issoyo'?)
　Bormi?
　(버르므?)

❖ 뭐예요?
　(muoyeyo'?)
　Nima?
　(느마?)

❖ 맛있어요?
　(mashissoyo'?)
　Mazzalimi?
　(마잘리므)

❖ 맛 없어요?
　(masopsoyo')
　Bemazami?
　(뻬마자므?)

❖ 알았어요?
　(arassoyo'?)
　Tushundingizmi?
　(투슌딘기즈므?)

❖ 몰라요?
　(mo'llayo'?)
　Bilmaysizmi?
　(블마이스즈므?)

❖ 이해해요?
   (iheheyo'?)
   Tushunyapsizmi?
   (투슌야프스즈므?)

❖ 지금 바빠요?
   (chigim pap'ayo'?)
   Hozir bandmisiz?
   (허즈르 빤뜨므스즈?)

❖ 아파요?
   (aphayo'?)
   Kasalmisiz?
   (캬살므스즈?)

❖ 많이 사랑해요?
   (mani sarangheyo'?)
   Qattiq sevasizmi?
   (캍틐 세바스즈므?)

❖ 무엇을 도와 드릴까요?
   (muosil tova tirilkkayo'?)
   Nimada yordamlashay?
   (느마다 여르담라샤이?)

❖ 그래요?
   (kireyo'?)
   Shundaymi?
   (슌다이므?)

● 대답(Javob)

❖ 네(예)
(ne (ye))
Ha
(하)

❖ 아니오(아니)
(anio' (ani))
Yo'q
(욕)

❖ 충분해요
(chungbunheyo')
Yetarli
(예타를리)

❖ 기꺼이 하겠어요
(kikkoi hagessoyo')
Jonu-dilim bilan qilaman
(저누–딜름 블란 클라만)

❖ 좋은 생각이에요.
(choin sengagiyeyo')
Yaxshi fikr
(야흐시 피키르)

❖ 저도 그렇게 생각해요.
(chodo' kirokke sengakheyo')
Men ham shunday o'ylayman
(멘함 슌다이 오일라이만)

- ❖ 알겠어요(알았어요)

  (algessoyo')

  Tushundim

  (투슌뜸)

- ❖ 할 수 있어요.

  (halsu issoyo')

  Qila olaman

  (클라 얼라만)

- ❖ 할 수 없어요.

  (halsu opsoyo')

  Qila olmayman

  (클라 얼마이만)

- ❖ 다시 말하세요.

  (tashi maraseyo')

  Yana takrorlaq yuboring

  (야나 카이타릅 유뻐링)

- ❖ 죄송하지만 안돼요.

  (chveso'nghajiman andveyo')

  Kechirasiz, ammo mumkin emas.

  (케치라스즈, 암머 뭄킨에마스)

- ❖ 네. 물론이에요.

  (ne mulloniyeyo')

  Ha, albatta.

  (하, 알빠타)

❖ 각자 계산해요.
   (kakja kesanheyo')
   Alohida hisoblang.
   (알러흐따 흐서블랑)

제6과 감사. 사과

(Minnatdorchilik, Uzr so'rash.)

❖ 감사합니다(고맙습니다).
   (kamsahamnida (ko'mapsimnida))
   Rahmat.
   (라흐맡)

❖ 미안합니다(송구합니다).
   (mianhamnida (so'nguhamnida))
   Kechirasiz (noqulay ahvolga tushganda).
   (케치라스즈 (너쿨라이 아흐벌갸 투시간다))

❖ 실례합니다(다른 사람에게 부탁할 때)
   (shillehamnida (tarin saramege putakhaltte)
   Uzr (boshqa odamga iltimos bilan murojat qilganda).
   (우즈르 (버시카 어담갸 일트머스 블란 무러자앝 클간다)

❖ 도와 주셔서 감사합니다.
   (tova chushyoso kamsahamnida)
   Yordamlashib yuborganingiz uchun rahmat.
   (여르따믈라십 유버르갼갸닌기즈 우춘 라흐맡)

❖ 시간을 내 주셔서 고맙습니다.
　(shiganil ne chushyoso komapsimnida)

　Vaqt ajratganingiz uchun rahmat.
　(바크트 아즈랕갸닌기즈 우춘 라흐맡)

❖ 오히려 제가 고마워해야 해요
　(o'hiryo chega komavoheya heyo')

　Aksincha men minnatdorchilik izhor qilishim kerak.
　(아키슨차 멘 민낱더르칠릭 이즈허르 클르심 케랔)

❖ 고의가 아니예요.
　(ko'iga aniyeyo')

　Ataylab emas.
　(아타일랍 애마스)

❖ 천만에요.
　(chonmaneyo')

　Arzimaydi.
　(arjimaydi)

❖ 한번만 용서해 주세요.
　(hanbonman yo'ngso'he chuseyo')

　Bir marta kechiring.
　(브르 마르타 케츠링)

제7과 부탁. 권유.
(Iltimos. Maslahat.)

❖ 물을 주시겠어요?
(muril' chushigessoyo'?)
Suv bera olasizmi?
(수브 베라 얼라스즈므?)

❖ 도와 주시겠어요?
(to'va chushigessoyo'?)
Yordamlashib yuborasizmi?
(여르다믈라십 유버라스즈미?)

❖ 담배 피워도 돼요?
(tampe pivodo' tveyo'?)
Cheksam bo'ladimi?
(체키삼 볼라드므?)

❖ 들어가도 돼요?
(tirokado' tveyo'?)
Kirsam bo'ladimi?
(크르삼 볼라드므?)

❖ 잠시 봐도 돼요?
(chamshi pado tveyo'?)
Bir oz ko'rsam bo'ladimi?
(브러즈 코르삼 뽈라드므?)

❖ 차를 태워 주시겠어요?
 (charil' thevo chushigessoyo'?)
 Choyni isitib berasizmi?
 (처이니 이스팁 배라스즈미?)

❖ 식사하러 가시겠어요?
 (shiksaharo' kashigessoyo'?)
 Ovqatlanishga borasizmi?
 (어브카틀라느시갸 버라스즈므?)

❖ 한잔 하시겠어요?
 (han chan hashigessoyo'?)
 Bir qadahdan ichamizmi?
 (브르 카다흐단 이차므즈므?)

❖ 앉으세요.
 (anjiseyo')
 O'tiring.
 (오트링)

❖ 어서 오세요.
 (oso o'seyo')
 Xush kelibsiz.
 (후시 켈릅스즈)

❖ 조심하세요.
 (cho'shimhaseyo')
 Ehtiyot bo'ling.
 (에흐티여트 볼링)

제3부 유용한 대화들 195

❖ 진정하세요.
(chinjonghaseyo')
Tinchlaning.
(튼츨라닝)

❖ 좀 기다리세요.
(chom kidariseyo')
Ozgina kuting.
(어즈기냐 쿠팅)

❖ 잠깐만요.
(chamk'anmanyo')
Bir daqiqa.
(브르 따크카)

❖ 천천히 하세요.
(chonchoni haseyo')
Asta-sekin qiling.
(아스타-세킨 클링)

❖ 빨리 하세요.
(ppalli haseyo')
Tez qiling.
(테즈 클링)

❖ 가르쳐 주세요.
(karicho chuseyo)
O'rgating.
(오르갸팅)

- ❖ 드세요.
   (tiseyo')
   Yeng.
   (옝)

- ❖ 보여 주세요.
   (po'yo chuseyo')
   Ko'rsating.
   (코르사팅)

- ❖ 가세요.
   (kaseyo')
   Boring.
   (뻐링)

- ❖ 가지 마세요.
   (kaji maseyo')
   Bormang.
   (뻐르망)

- ❖ 오세요.
   (o'seyo')
   Keling.
   (켈링)

- ❖ 오지 마세요.
   (o'ji maseyo')
   Kelmang.
   (켈망)

❖ 기다리지 마세요.
(kidariji maseyo')
Kutmang.
(쿹망)

❖ 말하세요.
(marhaseyo')
Gapiring.
(갸프링)

❖ 말하지 마세요.
(maraji maseyo')
Gapirmang.
(갸프르망)

❖ 따라하세요.
(ttarahaseyo')
Qaytaring.
(카이타링)

❖ 받아 주세요.
(pada chuseyo')
Oling.
(얼링)

❖ 걱정하지 마세요.
(kokjonghaji maseyo')
Havotirlanmang.
(하버트를란망)

❖ 무서워하지 마세요.
   (musovohaji maseyo')
   Qo'rqmang.
   (코르크망)

❖ 이리 오세요.
   (iri o'seyo')
   Bu yerga keling.
   (뿌 예르갸 켈링)

❖ 저리 가세요.
   (chori kaseyo')
   Ana u yerga boring.
   (아나 우 예르갸 뻐링)

❖ 잊으세요.
   (ijiseyo')
   Unuting.
   (우누팅)

❖ 잊지 마세요.
   (ijjimaseyo')
   Unutmang.
   (우눝망)

❖ 주지 마세요
   (chuji maseyo')
   Bermang.
   (뻬르망)

❖ 주세요.
(chuseyo')
Bering.
(베링)

❖ 울지 마세요.
(ulji maseyo')
Yig'lamang.
(이글라망)

❖ 웃으세요.
(usiseyo')
Kuling.
(쿨링)

❖ 웃지 마세요.
(ujji maseyo')
Kulmang.
(쿨망)

❖ 늦지 마세요.
(nijji maseyo')
Kech qolmang.
(케츠 컬망)

❖ 꼭 사주세요.
(k'ok sachuseyo')
Albatta sotib olib bering.
(알밭타 서틉 어릅 베링)

❖ 약속 지키세요.
  (yaksok chikkiseyo')
  Va'dani ustidan chiqing.
  (와따느 우스트딴 츠쿵)

❖ 다른 사람에게 말하지 마세요.
  (tarin saramege maraji maseyo')
  Boshqa odamga aytmang.
  (뻐시카 어담갸 이이트망)

❖ 무서워요.
  (musovoyo')
  Qo'rqaman.
  (코르카만)

❖ 힘내세요.
  (himneseyo')
  Kuchli bo'ling. Bardam bo'ling.
  (쿠츌리 볼링 / 바르담 볼링)

❖ 놀라지 마세요.
  (no'llaji maseyo')
  Hayron bo'lmang.
  (하이런 볼망)

❖ 화내지 마세요.
  (hvaneji maseyo')
  Jahlingiz chiqmasin.
  (자흘린기즈 치크마슨)

❖ 실망하지 마세요.
   (shilmanghaji maseyo')
   Umidingizni so'ndirmang.
   (우미딘기즈느 손드르망)

❖ 포기하지 마세요.
   (pho'gihaji maseyo')
   Voz kechmang.
   (워즈 케츠망)

❖ 최선을 다 하세요.
   (chveso'nil' ta haseyo')
   Bor imkoniyatingizni ishga soling.
   (버르임커니야틴기즈느 이시갸 설링)

❖ 우울해요.
   (uureyo')
   Tushkunlikka tushganman.
   (투시쿨릭캬 투시갼만)

❖ 기분이 안 좋아요.
   (kibuni an cho'ayo')
   Kayfiyatim yaxshi emas.
   (캬이피야틈 야흐시 에마스)

❖ 기분이 좋아요.
   (kibuni cho'ayo')
   Kayfiyatim yaxshi.
   (캬이피야틈 야흐시)

제8과 전화걸기와 받기
(Qo'ng'iroq qilish va qo'ng'iroqqa javob berish.)

❖ 여보세요.
   (yobo'seyo')
   Allo.
   (알로)

❖ 김 선생님 댁이 맞으세요?
   (kim sonsengnim tegi majiseyo')
   Ustoz Kimning uylari to'g'rimi?
   (우스터즈 킴닝 우일라르 토그르므)

❖ 박 선생님 계세요?
   (pak sonsengnim keseyo')
   Ustoz Pak bormilar?
   (우스터즈 박 버르믈라르)

❖ 이 교수님 바꿔 주세요.
   (L kysunim pakvo chuseyo')
   Ustoz Leega go'shakni bering.
   (우스텃 킴갸 교샼느 베링)

❖ 저는 우미다예요.
   (chonin umidayeyo')
   Men Umidaman.
   (멘 우미다만)

제3부 유용한 대화들 203

❖ 누구세요?
(nuguseyo')
Kimsiz?
(킴스즈)

❖ 우미다씨는 여기 없어요.
(umidashinin yogi opsoyo')
Umida bu yerda yo'q.
(우미다 뿌 예르다 욕)

❖ 통화중이에요.
(thonghva chungiyeyo')
Telefon band.
(테레폰 반드)

❖ 잘못 걸었어요.
(chal mot korossoyo')
Noto'g'ri joyga tushdingiz.
(너토그르 쩌이갸 투시딘기즈)

❖ 잘 안 들려요.
(chal an tilloyo')
Yaxshi eshitilmayapti.
(야흐시 에싵마야프트)

❖ 크게 말하세요.
(khige maraseyo')
Baland gapiring.
(빠란드 갸프링)

❖ 전화 왔어요.
  (chonhva vassoyo')
  Qo'ng'iroq bo'ldi.
  (콘그럭 뽈뜨)

❖ 나중에 연락드릴게요.
  (najunge yollakhe tirilkkeyo')
  Keyinrog xabarlashaman.
  (케인럭 하바를라샤만)

❖ 전화해 주셔서 감사 합니다.
  (chonhva he chushyoso kamsahamnida)
  Qo'ng'iroq qilganingiz uchun rahmat.
  (콘그럭 킬갸닌기즈 우춘 라흐맡)

❖ 메시지 남길게요.
  (meshiji namgilkeyo')
  Xabar qoldiraman.
  (하빠르 컬뜨라만)

❖ 무슨 일로 전화 하셨어요?
  (musin illo' chonhva hashyossoyo')
  Nima ish bilan qo'ng'iroq qildingiz?
  (느마 이시 블란 콘그럭 킬딘기즈)

제9과 가격
(Narh.)

❖ 이것 얼마예요?
(igosin olmayeyo')
Bu qancha turadi?
(뿌 칸차 투라드)

❖ 10,000원이예요.
(man voniyeyo')
O'n ming von.
(o'nming von)

❖ 너무 비싸요.
(nomu pis'ayo')
Juda qimmat.
(쭈다 큠맡)

❖ 깎아 주세요.
(k'ak'a chuseyo')
Arzonroq qiling.
(아르전러크 클링)

❖ 돈이 모자라요.
(to'ni mo'jarayo')
Pulim yetmayapti.
(풀름 예트마야프트)

❖ 거스럼돈 주세요.

  (kosirim to'n chuseyo')

  Qaytim pulini bering.

  (카이틈 풀르느 베링)

❖ 잔돈 잘 못 주셨어요.

  (chan to'n chal mo't chushyossoyo')

  Qaytimini noto'g'ri berdingiz.

  (카이트므느 너토르 뻬르딘기즈)

❖ 영수증 주세요.

  (yongsujing chuseyo')

  Narsa sotib olganligi haqida chek bering.

  (나르사 서틉 얼간리기 하크다 커거즈 베링)

❖ 계산하세요.

  (kesanhaseyo')

  Hisob kitob qiling.

  (흐섭-키텁 크링)

제10과 물건사기
(Narsa xarid qilish)

I. 쇼핑에 필요한 대화(Narsa sotib olinayotganda qo'llaniladigan iboralar)

❖ 여기 근처에 시장이 있습니까?
　(yogi kinchoye shjangi isimnikka?)
　Shu atrofda bozor bormi?
　(슈 아트럎타 버저르 버르므?)

❖ 뭐 찾으십니까(찾으세요)?
　(muo chajishimnikka (chajiseyo'?)
　Nima qidiryapsiz?
　(느마 크드르야프스즈?)

❖ 저는 옷을 사고 싶어요.
　(chonin o'sil sago' shipoyo')
　Men kiyim sotib olmoqchiman.
　(멘 키임 서틉 얼먹치만)

❖ 이것은 어때요?
　(igosin otteyo'?)
　Bu qanday?
　(뿌 칸다이?)

❖ 얼마예요?
　(olmayeyo'?)
　Qancha turadi?
　(칸차 투라드?)

❖ 이만(20,000)원이에요.
  (iman voniyeyo')
  Yigirma ming won.
  (이기르마밍 원)

❖ 좀 싸게 해 주세요.
  (cho'm ssage he chuseyo')
  Arzonroq qiling.
  (아르전럭 클링)

❖ 더 싼 것은 없어요?
  (to s'an gosin opsoyo')
  Yana ham arzoni yo'qmi?
  (야나 함 아르저느 욕므)

❖ 오천(5,000)원짜리 있어요?
  (o'chon vonchari issoyo'?)
  Besh ming voningiz bormi?
  (베시 밍 워닌기즈 버르므?)

❖ 이것을 좀 바꿔 주세요.
  (igosil chom pakkvo chuseyo')
  Buni almashtirib bering, iltimos.
  (뿌느 알마시트릅 베링)

❖ 너무 비싸요. 좀 깎아 주세요.
  (nomu pissayo', cho'm kkakka chuseyo')
  Juda qimmat. Arzonroq qiling.
  (주따 큼맡. 아르전러 클링)

❖ 이천(2,000)원 깎아 드릴게요.
    (ichonvon k'ak'a tirilkkeyo')
    2000von tushirib beraman.
    (이키밍원 투십베라반)

❖ 오천(5,000)원 깎아 주세요.
    (o'chonvon k'ak'a chuseyo')
    5000ga tushib bering.
    (베시민갸 투십 베라만)

❖ 포장해 주세요.
    (po'jang he chuseyo')
    O'rab bering.
    (오랍 뻬링)

❖ 인삼 한 통 사고 싶은데요.
    (insam han to'ng sago' shipindeyo')
    Jenshen bir idish sotib olmoqchi edim.
    (젠쉔 브르 쇼타 서틉 얼먹치 에듬)

❖ 육(6)년(근)짜리 있어요?
    (yuk nyon chari issoyo')
    Olti yilikligi bormi?
    (얼트 엘릭리기 버르므)

❖ 한 통에 삼만(30,000)원이에요.
    (han to'nge samman voniyeyo')
    Bir idishi o'ttizming von turadi.
    (브르 버시 오트즈밍 원 투라드)

❖ 더 싼 것이 있어요?

(to s'an goshi issoyo')

Yanayam arzoni bormi?

(야나얌 아르저니 버르므)

❖ 오(5)년짜리 보여 주세요.

(o'nyon chari po'yo chuseyo')

besh yilligini ko'rsatib yuboring.

(베시 엘리기느 코르사톱 유뻐링)

❖ 한통에 몇 개 들어 있어요?

(han to'nge myokke tiro issoyo')

Bir idishda nechta dona bo'ladi?

(비르 쿠트다 네츠타 더나 볼라드)

❖ 이건 몇 년 짜리예요?

(igon myonnyon ch'ariyeyo')

Bunisi nechi yillilik?

(뿌느스 네츠 엘리릭)

❖ 여기 인삼차도 팔아요?

(yogi insam chado' pharayo'?)

Bu yerda jenshen choyi ham sotiladimi?

(뿌 예르따 젠쉔 처이 함 서틀라드므?)

❖ 사과는 어떻게 팔아요?

(sagvanin ottoke pharayo'?)

Olma qanday sotiladi?

(얼마 칸다에 서틀라드?)

❖ 네(4) 개 천원이에요.
   (ne ge chonvoniyeyo')
   to'rt donasi ming won.
   (토르트 도나스 밍 번)

❖ 이 거 섞었어요.
   (i go sogossoyo')
   Bu aralashtirilgan
   (뿌 아랄라시트를간)

❖ 달아요?
   (tarayo')
   Shirinmi?
   (시른므)

❖ 여섯 개 주세요.
   (yosokke chuseyo')
   oltita bering.
   (얼트타 베링)

❖ 파란 옷은 얼마예요?
   (paran osin olmayeyo')
   ko'k rangligi necha pul turadi?
   (꼭 랑리기 칸차 투라드)

❖ 더 좋은 것 없어요?
   (to cho'in go opsoyo'?)
   Undan yaxshirog'i yo'qmi?
   (운딴 야흐시러크 욕므?)

❖ 다른 것 있어요?
(tarin kot opsoyo')
Boshqasi bormi?
(뻐시카스 버르므)

❖ 질이 좋아요?
(chiri cho'ayo')
Sifati yaxshimi?
(스파트 야흐시므)

❖ 사용방법을 알려 주세요.
(sayongpobil' allyo chuseyo')
Qo'llanilish usullarini aytib bering.
(콜라늘르시 우술라르느 아이틉 베링)

❖ 다 팔았습니다
(ta pharassimnida)
Hammasini sotdim.
(함마스느 섣듬)

Ⅱ. 남편과 아내가 함께 쇼핑하러갈 때(Er-xotin birgalikda narsa sotib olishga borganda)

- 남편 : 오늘 우리 쇼핑하러 가자
  (nampyon: o'nil uri sho'ping haro' kaja)

  Eri: Yur bugun bozor-o'charlik qilamiz?
  (에르: 유르 뿌꾼 버저르-요차를릭 클라므즈)

- 아내 : 지금 가요?
  (ane: chigim kayo')

  Xotini: Hozir boramizmi?
  (허트느: 허즈르 버라므즈므)

- 남편 : 응. 갈 준비해요
  (nampyon: ing, kal' chunbi he)

  Eri: Ha, ketishga tayyorlan.
  (에르: 하, 케트시갸 타여를란)

- 아내 : 좀 기다려 주세요.
  (ane: cho'm kidaryo chuseyo')

  Xotini: Ozgina kutib turing.
  (허트느: 어즈기나 쿠틉 투링)

- 남편 : 거기에 가서 구경하고, 사고 싶은 것 사서, 돌아오자.
  (nampyon: kogiye kaso kugyonghago', sago' shipin got saso, to'rao'ja)

  Eri: U yerga borib, tomosha qiliq, olmoqchi bo'lgan narsangni sotib olib kelamiz.
  (에르: 우 예르갸 버릅, 터머샤 클라므즈, 얼먹치 뽈갼 나르산느 서틉 어릅 켈라므즈)

❖ 아내 : 돈 많이 들어요. 구경만 하고 와요.
   (ane: to'n mani tiroyo'. kugyonman hago' vayo')
   Xotini: Pul ko'p ketib qoladi. Tomosha qilib kelsak yetarli.
   (허트느: 풀 콥 케팁 컬라드/ 터머샤 클룝 켈삭 예타를리)

❖ 남편 : 안돼요. 난 당신에게 무엇이나 사주고 싶어요.
   (nampyon: andveyo'. nan tangshinege muoshina sachugo' shipoyo')
   Eri: Bo'lmaydi. Men senga biror narsa olib bermoqchiman.
   (에르: 뽈마이드/ 멘 셍갸 브르르 나르사 어릅 베르먹치만.

❖ 아내 : 당신의 마음을 알아요.
   (ane: tangshine maimil arayo')
   Xotini: Nima xohlayotganligingizni bilaman.
   (허트느: 느마 허흘라엳갼닌기즈느 블라만)

❖ 남편 : 그럼 빨리 준비해서 나가요.
   (nampyon: kirom ppalli chunbi heso nagayo')
   Eri: Unda tezroq tayyorlanib chiqing.
   (에르: 운따 텟럭 타여를라늡 츠킁)

❖ 아내 : 화장 이렇게 해도 돼요?
   (ane: hvajang irokke hedo' dveyo')
   Xotini: Pardoz-andozni shunday qilsam bo'ladimi?
   (허트느: 파르더즈-안더즈 슌다이 클삼 볼라드므)

❖ 남편 : 화장 안 해도 에뻐요.
   (nampyon: hvajang an hedo' yeppoyo')
   Eri: Pardoz qilmasang ham chiroylisan.
   (에르: 파르더즈 클마상 함 치러일리스즈)

❖ 아내 : 농담이죠?
   (ane: no'gdamijyo')
   Xotini: Hazillashyapsiz-a?
   (허트느: 하즐라시얍스즈아)

❖ 남편 : 나에게 당신이 제일 예뻐요.
   (nampyon: naege tangshini cheil yeppoyo')
   Eri: Men uchun siz eng chiroylisiz.
   (에르: 멘 우춘 스즈 앵 치러일리스즈)

❖ 아내 : 네 알겠어요. 늦었어요. 빨리 가요.
   (ane: ne algessoyo'. nijossoyo'. p'alli kayo')
   Xotini: Ha, bo'pti. Kech qolyapmiz. Tezroq boraylik.
   (허트느: 하 뵾트. 케츠 컬앞므즈. 테즈럭 버라일릭)

❖ 남편 : 무슨 옷 색깔 좋아해요?
   (nampyon: musin o't sekkal choaheyo')
   Eri: Qaysi rangdagi kiyimni yoqtirasiz?
   (에르: 카이스 랑다기 키임느 여크트라스즈)

❖ 아내 : 분홍색이에요. 근데 왜요?
   (ane: punhong segiyeyo'. kinde veyo')
   Xotini: Pushti rang. Nimaga edi?
   (허트느: 푸시트 랑. 느마갸 에드)

❖ 남편 : 당신 뭐 좋아하는지 알고 사 주려고 해요.
   (nampyon: tangshin muo choahaninji al'go' sa juryogo' heyo')
   Eri: Siz nimani yoqtirishingni bilib olib bermoqchiman.
   (에르: 스즈 느마느 여크트르싱느 브릅, 얼릅베르머키만)

❖ 아내 : 괜찮아요, 집에 옷 많아요.

   (ane: kenchanayo'. chibe ot manayo')

   Xotini: Keragi yo'q. Uyda kiyimlarim ko'p.

   (허트느: 케라기 욕. 우이다 키임라름 콥.)

❖ 남편 : 한국 겨울이 추워요. 올 겨울에 입을 옷 사야지요.

   (nampyon: hanguk kyouri chuoyo'. o'l kyoure ibil o't sayajiyo)

   Eri: Koreyada qish sovuq. Kelayotgan qishda kiyadigan kiyimlardan olish kerak, axir.

   (에르: 코레야다 크시 서북. 켈라여트간 크시다 키야드간 키임라르단 어리시 케락 아흐르)

❖ 아내 : 하나만 사면 돼요.

   (ane: hanaman samyon dveyo')

   Xotini: Bitta sotib olsangiz bo'ladi.

   (허트느: 비타 서틉 얼산기즈 볼라드)

❖ 남편 : 이 옷이 어때요?

   (nampyon:i o'shi o'tteyo')

   Eri: Bu kiyimga qanday qaraysiz?

   (에르: 뿌 키임갸 칸다이 카라이스즈)

❖ 아내 : 그냥 그래요.

   (ane: kinyang kireyo')

   Xotini: Unchalikmas.

   (허트느: 순차키)

❖ 남편 : 마음에 안 들어요? 그럼 다른 것으로 골라 봐요?

   (nampyon: maime an tiroyo'? kirom tarin gosiro ko'lla bayo')

   Eri: Yoqmayaptimi? Unda boshqasini tanlab ko'ring.

   (에르: 여크마야프트므? 운다 버시카스느 타늘랍 꼬링)

- 아내 : 이 옷을 좋아해요.
  (ane: I o'sil choaheyo')
  Xotini: Bu kiyim yoqdi.
  (허트느: 뿌 키임 역트)

- 남편 : 괜찮네요. 한번 입어 봐요.
  (nampyon: kvenchanayo'. hanbon ibo po'ayo')
  Eri: Yaxshi ekan. Kiyib ko'ring.
  (에르: 야흐시 에캰. 키입 꼬링)

- 아내 : 어때요? 좀 뚱뚱해 보이지 않아요?
  (ane: otteyo'? cho'm t'ung'tunghe po'iji anayo'?)
  Xotini: Qalay? Biroz semiz ko'rsatmayaptimi?
  (허트느: 칼라이? 브러즈 세므즈 코르사트마얖트므)

- 남편 : 이 옷 사요. 당신한테 어울려요.
  (nampyon: I o'shi sayo. tangshinhante oullyoyo')
  Eri: Shu kiyimni olamiz. Sizga yarashibdi.
  (에르:슈 키임느 얼라므즈. 스즈갸 야라습드)

- 아내 : 마음에 들어요. 예쁘게 입을게요.
  (ane: maime tiroyo'. yeppige ibil'kkeyo')
  Xotini: Manga yoqdi. Chiroyli qilib kiyib yuraman.
  (허트느: 만갸 역트. 치러일리 클릅 키입 유라만)

- 남편 : 마음에 들었다니 나도 기분이 좋아요.
  (nampyon: maime tirottani nado' kibuni cho'ayo')
  Eri: Sizga yoqqanligi uchun men ham Xursandman.
  (에르: 스즈갸 역칸리기 우춘 멘 함 후르산드만)

제11과 식사
(Ovqatlanish)

I. 집에서 가족과 함께 밥을 먹을 때(Uyda oila a'zolari bilan ovqatlanayotgan vaqtda)

I-1 밥상에서 먹기 전에 하는 말(Dasturxon ustida ovqatlanishdan oldin aytiladigan gaplar)

❖ 남편 : (아내에게) 밥 먹자
  (nampyon: (aneege) pap mokcha)
  Eri: (Xotiniga) Ovqatlanaylik.
  (에르: (허트느갸) 어브카틀라나일릭)

❖ 아내 : 배가 많이 고프시죠?
  (ane: pega mani ko'pishijyo'?)
  Xotini: Qorningiz rosa ochdiya?
  (허트느: 커르닌기즈 러사 어치드야?)

❖ 남편 : 오늘 뭐죠?
  (nampyon: o'nil muojyo'?)
  Eri: Bugun nima yeymiz?
  (에르: 뿌꾼 느마 에이므즈?)

❖ 아내 : 당신이 좋아하는 된장찌개 만들었어요.
  (ane: tangshini cho'ahanin tvenchangchigge mandirossoyo')
  Xotini: Siz yoqtirgan twenjanchiggeni tayyorladim.
  (허트느: 스즈 여크트르갼 트벤찬치게느 타이여를라듬)

❖ 남편 : 여보, 고마워요, 와! 맛있겠다.

(nampyon: yobo', ko'mavoyo'. va! mashiketta)

Eri: Jonim, rahmat. vah! Shirin bo'lsa kerak.

(에르: 저늠 라흐마트. 와흐! 시른 볼싸 케락)

❖ 아내 : 많이 드세요.

(ane: mani tiseyo')

Xotini: Yoqimli ishtaha.

(허트느: 여크믈리 이시타하)

❖ 남편 : 당신도 많이 들어요.

(nampyon: tangshindo' mani tiroyo')

Eri: Sizga ham yoqimli ishtaha.

(에르: 스즈갸 함 여크믈리 이시타하)

❖ 아내 : 잘 먹겠습니다.

(ane: chal mokkessimnida)

Xotini: Rahmat.

(허트느: 라흐마트)

(다른 사람이 음식을 만들어 주거나 사 줄때 받는 사람이 "고맙다"는 말 대신에 하는 말이다)

(Boshqa odam ovqat pishirib berganda yoki sotib olib berganda "Rahmat" so'zi o'rniga qo'llaniladigan gap)

I-2 밥을 먹는 중에 부부가 할 수 있는 대화들(Ovqatlanayotgan vaqtda er-xotin gapirishi mumkin bo'lgan suhbat.)

- 남편 : 맛있게 만들었네요.
  (nampyon: mashikke mandironneyo')
  Eri: Mazzali bo'pti.
  (에르: 마잘리 볾트)

- 아내 : 진짜예요(그래요)?
  (ane: chinchayeyo' (kireyo'?)
  Xotini: Rostdanmi? (shundaymi?)
  (허트느: 러스단므? (슌다이므?)

- 남편 : 정말이에요 = 진짜예요
  (nampyon: chongmarieyo' = chinchayo')
  Eri: Rostdan.
  (에르: 러스트단)

- 아내 : 그럼 많이 드셔야 돼요.
  (ane: kirom mani tishyoya dveyo')
  Xotini: Unda ko'proq oling.
  (허트느: 운다 코프로크 얼링)

- 남편 : 당신 요리 솜씨가 참 대단해요.
  (nampyon: tangshin yo'ri so'mshiga cham tetanheyo')
  Eri: Sizning qo'lingiz haqiqatdan ham shirin.
  (에르: 스즈닝 콜린기즈 하크카탄 함 시른)

제3부 유용한 대화들 221

❖ 아내 : 우즈베키스탄에서는 음식을 뭐 좋아했어요?

(ane: ujibekisitanesonin imshigil muo choahasseyo')

O'zbekistonda ovqatladan qaysi biri yoqardi?

(오즈베키스턴다 어브카틀라르단 카이스 브르 여카드)

❖ 남편 : 샤슬릭을 좋아해요(고기를 꼬치에 끼워서 불에 굽는것)

(nampyon: shashilligil' cho'aheyo' (ko'giril kko'chie kkivoso pure kubninda)

Eri: Kabobni yoqtiraman.(Go'shtni sixga tortib qovur-ailadigan go'sht)

(에르: 캬법느 여크트라만. (고시트느 스흐갸 터르틉 커부를라디갼 고시트)

❖ 아내 : 나중에 만들어 줄께요.

(ane: najunge mandiro chulk'e)

Xotini: Keyinroq bir pishirib beraman.

(허트느: 케인럭 브르 프시릅 베라만)

❖ 남편 : 그래요. 시간이 있으면 시장에 같이 가요.

(nampyon: kireyo'. shigani issimyon shijange kachi kayo')

Eri: Bo'pti. Vaqtim bo'lsa bozorga birga boraman.

(에르. 봎트. 바크틈 볼싸 버절갸 브르갸 버라만)

❖ 아내 : 좋아요.

(ane: choayo')

Xotini: Yaxshi:

(허트느: 야흐시)

❖ 남편 : 필요한 것 있으면 이야기해요.
   (nampyon: piryohan go issimyon iyagiheyo')
   Eri: Kerakli narsalaring bo'lsa aytarsan.
   (에르: 케락리 나르살라링 볼사 이이타르산)

❖ 아내 : 네. 알겠어요.
   (ane: ne algessoyo')
   Xotini: Ha, bo'pti.
   (허트느: 하 봪트)

❖ 남편 : 빨리 먹어요. 다 식었어요.
   (nampyon: p'alli mogoyo'. ta shigossoyo')
   Eri: Tezroq ye. Hammasi sovub qoldi.
   (에르: 테즈럭 예. 함마스 서부브 컬드)

❖ 아내 : 오늘 설거지 좀 해 주세요.
   (ane: o'nil solgoji chom he chuseyo')
   Xotini: Bugun idishlarni yuvib bering, iltimos.
   (허트느: 뿌꾼 이드실라르느 유븝 베링)

❖ 남편 : 우리 같이 하자.
   (nampyon: uri kachi haja)
   Eri: Kel, birgalikda qilamiz.
   (eri: 켈, 브르갈릭다 클라일릭)

❖ 아내 : 그래도 좋아요.
   (ane: kiredo' choayo')
   Xotini: Shunday qilsak ham bo'ladi.
   (허트느: 슌다이 글삭 함 볼라드)

❖ 남편 : 더 먹어요, 당신 많이 말랐어요.
   (nampyon: to mogoyo'. tangshin mani mallassoyo')
   Eri: Yana oling. Ozib ketdingiz.
   (에르: 야나 얼링. 어즙 케트딘기즈)

제3부 유용한 대화들

❖ 아내 : 네, 많이 먹을께요
　(ane: ne, mani mogilkkeyo')
　Xotini: Ha, yana yeyman.
　(허트느: 하, 야나 예이만)

I-3 밥을 먹은 후 하는 말(Ovqatlanib bo'lgandan so'ng aytiladigan gaplar.)

❖ 아내 : 맛있게 드셨어요?
　(ane: mashikke tishyossoyo'?)
　Xotini: Yaxshi ovqatlandingizmi?
　(허트느: 마잘리 어브카틀란딘기즈므?)

❖ 남편 : 여보, 고마워요, 잘 먹었어요.
　(namyon: yobo', komawoyo'. chal mogossoyo')
　Eri: Jonim, rahmat. Yaxshi ovqatlandim.
　(에르: 저늠, 라흐맡. 야흐시 어브깥란듬)

❖ 아내 : 맛있는 것 많이 만들어 줄게요.
　(ane: mashinin got mani mandiro chulkkeyo')
　Xotini: Mazzali ovqatlardan ko'proq qilib beraman.
　(허트느: 마잘리 어브깥라르단 코프럭 클릅 베라만)

II 부부가 외식 할 때(Er-xotin uydan tashqarida ovqatlangan vaqtda.)

❖ 남편 : 오늘 외식하러 가자.
　(nampyon: o'nil' veshikxaro kaja)
　Eri: Keling bugun tashqarida ovqatlanamiz.
　(에르: 켈링, 뿌꾼 타시카르다 어브카틀라나므즈)

❖ 아내 : 네 좋아요.
　(ane: ne choayo')
　Xotini: Ha bo'pti.
　(허트느: 하, 봎트)

❖ 남편 : 무엇을 먹고 싶어요?
   (nampyon: muosil mokko' shipoyo')
   Eri: Nima yegingiz kelyapti?
   (에르: 느마 예긴기즈 켈앞트)

❖ 아내 : 아무거나 다 좋아요.
   (ane: amugona ta choayo')
   Xotini: hamma ovqatlarni yoqtiraman
   (허트느: 함마 어브카틀라르느 역트라만)

❖ 남편 : 삼계탕을 주문할게요.
   (nampyon: samketangil chumun halkkeyo')
   Eri: Samgetang buyuraman.
   (에르: 삼게탕 부유라만)

❖ 아내 : 매워요?
   (ane: mevoyo'?)
   Xotini: Achchiqmi?
   (허트느: 아츰므?)

❖ 남편 : 안매워요.
   (nampyon: an mevoyo')
   Eri: Achchiq emas.
   (에르: 아츔 에마스)

❖ 아내 : 제가 그 음식을 먹을 수 있어요.
   (ane: chega ki imshigil mogilsu issoyo')
   Xotini: Men u ovqatni yeya olaman.
   (허트느: 멘 우 어브캍느 예야 얼라만)

❖ 남편 : 그럼 아주 좋아 할걸
   (nampyon: kirom aju cho'ahalkol)
   Eri: Unda senga yoqadi.
   (에르: 운다 셍갸 여카드)

제3부 유용한 대화들 225

❖ 남편 : 한잔 같이 할까? (소주 같이 먹을까요?)
 (nampyon: hanchan kachi halkkayo' (so'ju kachi mogilkkayo'))
 Eri: Bir qadahdan ichamizmi? (so'ju birga ichamizmi?)
 (에르: 쁘르 카다흐단 이차므즈므? 소주 쁘르갸 이차므즈므?)

❖ 아내 : 술 못 먹어요.
 (ane: sul mo'mmogoyo')
 Xotini: Aroq icha olmayman.
 (허트느: 아럭 이차 얼마이만)

❖ 남편 : 나 혼자 먹어도 돼요?
 (nampyon: na honja mogodo' dveyo')
 Eri: O'zim ichsam bo'ladimi?
 (에르: 오즘 이치삼 볼라드므)

❖ 아내 : 조금만이에요
 (ane: cho'gimmaniyeyo')
 Xotini: Faqat ozgina
 (허트느: 파캍 어즈기나)

● 종업원 부르기(Xizmat qiluvchi odamni chaqirish)

❖ 남편(아내) : 저기요, 여기 주문 받으세요.
 (nampyon(ane): chogiyo. yogi chumun padiseyo')
 Eri(xotini): Haligi, buyurtmani qabul qilib oling.
 (에르(허트느): 할리기, 뿌유르트마느 카뿔 클릅 얼링)

❖ 종업원 : 뭐 드시겠어요?
 (cho'nopvon: muo tishigessoyo')
 Xizmatchi: Nima buyurasiz?
 (흐즈맡치: 느마 뿌유라시즈)

- 남편(아내) : 삼계탕 두 개하고 소주 한 병 주세요.
  (nampyon (ane): samgetang tu ge hago' so'ju han pyong chuseyo'.)
  Eri(xotini): 2ta Samgetang va 1xhisha aroq bering.
  (에르(허트느): 삼계탕 이키타 함다 아럭 브르 시샤 베링)

- 종업원 : 삼계탕 나왔어요, 뜨거우니까 조심하세요.
  (cho'ngopvon: samgettang navassoyo', t'igounikka cho'shimhaseyo')
  Xizmatchi: Samghetang chiqdi. Issiq bo'lgani uchun ehtiyot bo'ling.
  (흐즈맡치: 삼계탕 측트. 이씈 뽈갸느 우춘 에흐티욭 뽈링.)

- 종업원 : 맛있게 드세요
  (cho'ngopvon: mashikke tiseyo')
  Xizmatchi: Yoqimli ishtaha.
  (흐즈맡치: 여큼리 이시타하)

- 남편(아내) : 감사 합니다
  (nampyon(ane): kamsahamnida)
  Eri(xotini): Rahmat.
  (에르(허트느): 라흐마트.

- 남편 : 맛있어요?
  (nampyon: mashissoyo'?)
  Eri: Mazzalimi?
  (에르: 마잘리므?)

- 아내 : 네, 맛있어요.
  (ane: ne, mashissoyo')
  Xotini: Ha, mazali.
  (허트느: 하, 마잘리)

❖ 남편 : 더 먹어요.
 (nampyon: to mogoyo')
 Eri: Yana yeng.
 (에르: 야나 엥)

❖ 아내 : 배불러요. 더 먹을 수 없어요.
 (ane: pepulloyo'. to mogilsu opsoyo')
 Xotini: Qornim to'ydi. Boshqa yeya olmayman.
 (허트느: 컬늠 토이드. 버시카 예야 얼마이만)

❖ 남편 : 다음에는 더 맛있는 것을 많이 사 줄게요.
 (nampyon: taimenin to mashinin gosil mani sa chulkke)
 Eri: Boshqa safar yana ham mazzalisini olib beraman.
 (에르: 버시카 사파르 야나 함 mawkffltmsm 얼릅 베라만)

❖ 아내 : 고마워요. 그런데 돈이 많이 들어요.
 (ane: ko'mavoyo'. kironde to'ni mani tiroyo')
 Xotini: Rahmat. Lekin qimmat-da.
 (허트느: 라흐맡. 레킨 큼맡다)

❖ 남편 : 걱정하지 마세요. 먹고 싶은 것만 이야기해요.
 (nampyon: kokjonghaji maseyo'. mokko' shipingomman iyagiheyo')
 Eri: Xavotirlanma. Yemoqchi bo'lganingni ayt.
 (에르: 하버트를란마. 예먁치 뽈갸닝느 아읻)

● 식사 후에 식당주인과 이야기하기(Ovqatlangandan so'ng restoran xo'jayini bilan suhbat)

❖ 남편 : 계산해 주세요
 (nampyon: kesanhe chuseyo')
 Eri: hisob-kitob qiling.
 (에르: 흐섶-키텁 클링)

❖ 식당주인 : 맛있게 드셨어요?
　(shiktang chuin: mashikke tishyossoyo'?)
　Restoran ho'jayini: Yaxshi ovqatlandingizmi?
　(레스토란 호자이느: 야흐시 업캍란딘기즈므?)

❖ 남편(아내) : 네. 맛있게 먹었어요.
　(nampyon (ane): ne, mashikke mogossoyo')
　Eri (xotini):Ha, mazaliekan.
　(에르 (허트느): 하, 마잘리 어브캍란딕)

❖ 식당주인 : 다음에 또 오세요.
　(shiktang chuin: taime to o'seyo')
　Restoran xo'jayini: Yana keling.
　(레스토란 호자이느: 야나 켈링)

❖ 남편(아내) : 네. 안녕히 계세요.
　(nampyon (ane): ne, annyonghi keseyo')
　Eri(xotini): Ha, yaxshi qoling.
　(에르 (허트느: 하 야흐시 컬링)

❖ 식당주인 : 안녕히 가세요.
　(shiktang chuin: annyonghi kaseyo')
　Restoran ho'jayini: Yaxshi boring.
　(레스토란 호자이느: 야흐시 버링)

제12과 몸. 병. 치료

(Tana. Kasallik. Davolanish.)

I. 신체(Odam tanasi)

❖ 키가 얼마예요?
   (khiga olmayeyo'?)
   Bo'yingiz qancha?
   (뽀인기즈 칸차?)

❖ 백육십오(165cm)이에요
   (pekyugcibo (165sentimeto)yeyo')
   Bir yuz oltmish besh santimetr.
   (브르 유즈 얼트므시 베시 산티메트르)

❖ 몸무게얼마예요?
   (mommuge olmayeyo')
   Og'irligingiz qancha?
   (어그르리긴기즈 칸차)

❖ 사십킬로(40kg)예요.
   (sashipkillo'yeyo')
   Qirq kilogramm.
   (크륵 킬로그람)

❖ 너무 말랐어요.
   (nomu mallassoyo')
   Rosa ozg'in ekansiz.
   (러사 어즈근 에갼스즈)

❖ 저는 원래 말랐어요.
   (chonin volle mallasoyo')
   Men o'zi ozg'inman.
   (멘 오즈 어즈근만)

❖ 혈액형이 뭐예요?
 (hyorekhyongi muoyeyo')
 Qon guruhingiz nechi?
 (컨 구루힌기즈 네치)

❖ 요즘 많이 먹어서 살이 좀 쪘어요.
 (yo'jim mani mogoso sari cho'm chossoyo')
 Oxirgi paytlarda ko'p ovqatlanganligim sababli semirdim.
 (어흐르기 파이틀라르다 콮 어브캍란간리김 사밥리 세므르듬)

❖ 잘 못 먹어서 살이 빠졌어요.
 (chal mo'mmogoso sari p'ajossoyo')
 Yaxshi ovqatlanmaganim uchun ozdim.
 (야흐시 어브카틀란마갸늠 우춘 어즈듬)

II. 아플 때(Kasal bo'lganda)

❖ 피곤해 보여요.
 (phigonhe po'yoyo')
 Charchagan ko'rinasiz.
 (차르차갼 코르나스즈)

❖ 네. 조금 피곤해요.
 (ne, cho'gim phigo'nheyo')
 Ha, biroz charchadim.
 (하, 브럿 차르차듬)

❖ 왜요? (무엇 때문이에요?)
 (veyo'? (muottemuniyeyo')
 Nima uchun?
 (느마 우춘)

❖ 저는 삼(3)일젼에 감기에 걸렸어요.
   (chonin samiljone kamgi kollyossoyo')
   Men uch kun avval shamolladim.
   (멘 유츠 쿤 압발 샤멀라듬)

❖ 약 먹었어요?
   (yak mogossoyo')
   Dori ichdingizmi?
   (더르 이츠딘기즈므)

❖ 약을 먹었는데 아직 안 나았어요.
   (yagil mogonninde ajik an naassoyo')
   Dori ichdim, ammo hali tuzalganimcha yo'q.
   (더르 이츠듬 암머 할르 투잘가늠차 욕)

❖ 병원에 가 보세요.
   (pyonvone ka po'seyo')
   Kasalxonaga boring.
   (캬살허나갸 버링)

❖ 그래야 되겠어요.
   (kireya tvegessoyo')
   Shunday qilishim kerak.
   (슌다이 클리슘 케락)

❖ 저는 진찰을 받았어요.
   (chonin chinchal padassoyo')
   Men shifokor ko'rigidan o'tdim.
   (멘시퍼커르 코리기단 옽듬)

❖ 머리가 아파요.
  (moriga appayo')
  Boshim og'riyapti.
  (버심 어그리앞트)

❖ 두통약을 사서 드세요.
  (tuto'ng yagil saso tiseyo')
  Bosh og'rig'iga qarshi dori sotib olib iching.
  (버시 어그르그갸 카르시 더르 서틉 어릅 이칭)

❖ 등이(허리가) 아파요.
  (tingi (xoriga) apayo')
  Belim og'riyapti.
  (벨름 어그르얍트)

❖ 등이(허리가) 아프면 무거운 것 들지 마세요.
  (tingi (xoriga) apimyon mugoun go til'ji maseyo')
  Belingiz og'risa og'ir narsa ko'tarmang.
  (벨린기즈 억르사 어그르 날사 코타르망)

❖ 주사를 놔 주세요.
  (chusaril no'a chuseyo')
  Ukol qilib bering.
  (우콜 크릅 베링)

❖ 며칠 동안 쉬어야 해요.
  (myochil to'ngan shvioya heyo')
  Bir necha kun dam olishingiz zarur.
  (브르 네차 쿤 담 얼르신기즈 자루르)

제3부 유용한 대화들

❖ 관심 가져서 감사 합니다.
  (kwanshim kajoso kamsahamnida)
  Menga g'amxo'rligingiz uchun rahmat.
  (멘갸 감호를리긴기즈 우춘 라흐마트)

III. 약국에서(Dorixonada)

❖ 저는 약국에 가요.
  (chonin yakkuge kayo')
  Men dorixonaga ketyapman.
  (멘 더르허나갸 켙얍만)

❖ 어디아파서 그래요?
  (odi apaso kireyo'?)
  Biron joyingiz og'riyotgani uchun ketyapsiz?
  (카에이른기즈 어그르욭갸느 우춘 켙얍스즈므)

❖ 네. 감기에 걸렸어요. 감기약을 사려고요.
  (ne, kamgie kolyossoyo'. kagiyagil saryo'go'yo')
  Ha, shamolladim. Shamollaganga qarshi dori sotib olmoqchiman.
  (ha, 사멀라듬. 사멀라간갸 카르시 더르 서팁 얼먹치만)

❖ 증상이 어때요?
  (chingsangi otteyo')
  Qanday belgilar bor?
  (칸다이 벨길라르 버르)

❖ 기침하고 열이 나고 머리도 아파요.
  (kichim hago' yori nago' morido' apayo')
  Yo'talib isitmam chiqyapti, boshim ham og'riyapti.
  (요탈릅 이슽맘 칙얍트, 버심 함 어그르얍트)

❖ 이 약을 드세요.
   (i yagil' tiseyo')
   Bu dorini iching.
   (뿌 더르느 이칭)

❖ 약을 어떻게 먹어요?
   (yagil' ottokke mogoyo')
   Dorini qanday ichiladi?
   (더르느 칸다이 이츨라드)

❖ 하루에 세 번 드세요. 식후 30분에 드셔야 해요.
   (xaruye se bon tiseyo'. shikhu samshibbune tishyoya heyo'.
   Bir kunda uch mahal iching. Ovqatlangandan so'ng o'ttiz daqiqa o'tib ichishingiz kerak.
   (브르 쿤다 유츠 마할 이칭. 어브깥란간단 송 오트즈 다키카 오틉 이치신기즈 케락.

Ⅳ. 병원에서(Kasalxonada)

❖ 의사 : 어떻게 오셨어요?
   (isa: otokke o'shossoyo'?)
   Shifokor: Qanday shikoyat bilan keldingiz?
   (시퍼커르: 칸다이 시커얕 블란 켈딘기즈?)

❖ 환자 : 저는 삼(3)주 전에 배가 아팠어요.
   (xvanja: chonin sam ju chone pega apassoyo')
   Bemor: Mening uch hafta oldin qornim og'ridi.
   (베머르: 메닝 웇 하프타 얼든 커르늠 어르드)

❖ 의사 : 접수하고 오세요.
   (isa: chopsuhago' o'seyo')
   Shifokor: Hujjatlaringizni rasmiylashtirib keling.
   (시퍼커르: 후자틀라린기즈느 라스밀라시트릅 케링)

❖ 환자 : 접수 해 주세요.
  (hvanja: chopsuhe chuseyo')
  Bemor: Hujjatlarimni rasmiylashtirib bering.
  (베머르: 후자틀라름느 라스밀라시트릅 베링)

❖ 의사 : 내과에 가 보세요.
  (isa: nekvae ka po'seyo')
  Shifokor: Terapevtga uchrang.
  (시퍼커르: 테라펩트갸 우츠랑)

❖ 환자 : 검사 해 주세요.
  (hvanja: komsa he chuseyo')
  Bemor: Meni tekshirib ko'ring.
  (베머르: 메느 텍시릅 코링)

❖ 의사 : 잠깐 앉아서 기다려 주세요.
  (isa: chamk'an anjaso kidaryo chuseyo')
  Shofokor: Biroz o'tirib kutib turing.
  (시퍼커르: 브럳 오트릅 쿠틉 투링)

❖ 환자 : 제 증상이 어떤가요? 많이 안 좋은지요?
  (hvanja: che chinsangi ottongayo'? mani an choinjiyo')
  Bemor: Tekshiruv natijalarim qanday? Juda yomonmi?
  (베머르: 텍시루 나티잘라름 칸다이. 주따 여먼므)

❖ 의사 : 병이 심하지 않지만 조심해야 합니다.
  (isa: pyongi shimhaji anjiman choshimheyaheyo')
  Shifokor: Kasallik kuchli emas, ammo ehtiyot bo'lishingiz zarur.
  (시퍼커르: 캬살릭 쿠츨리 에마스, 암머 에흐티여트 볼르신기즈 자루르)

❖ 환자 : 어떻게 치료를 해요?
   (hvanja: ottokke chiryoril' heyo')
   Bemor: Qanday davollanaman?
   (베머르: 칸다이 다벌라나만)

❖ 의사 : 치료는 안 받아도 돼요.
   (isa: chiryonin an padado' dveyo')
   Shifokor: Davvollanishning keragi yo'q.
   (시퍼커르: 다벌라느시닝 케라기 욕)

❖ 환자 : 그럼 엑스레이를 찍어야 되나요?
   (hvanja: kirom eksireiril chigoya tvenayo')
   Bemor: Unda rentgenga tushishim kerakmi?
   (베머르: 운다 우지갸 투시심 케락므)

❖ 의사 : 이 약을 드시고 지켜보세요.
   (isa: I yagil tishigo' chikyo po'seyo')
   Shifokor: Bu dorini ichib kuzatiq ko'ring.
   (시퍼커르: 뿌 더르느 이칩 에흐티여틴기즈느 클링)

V. 아내가 임신할 때(Xotini xomilador bo'lganda)

V-1 임신한 것 같은 느낌이 들 때(Xomilador bo'lganligini sezgan vaqtda)

❖ 아내 : 여보, 나 몸이 좀 안 좋은 것 같아요.
   (ane: yobo', na mo'mi cho'm an cho'in got katayo')
   Xotini: Jonim, men o'zimni biroz yomon his qilyapman.
   (허트느: 저늠, 멘 오즘느 브럿 여먼 흐스 클앞만)

❖ 남편 : 언제부터 그랬어요?
   (nampyon: onjeputo kiressoyo'?)
   Eri: Qachondan beri bunday bo'ldi?
   (에르: 카천단 베르 뿐다이 뽈드?)

❖ 아내 : 요 며칠 이에요.
 (ane: yo' myo'chiriyeyo')
 Xotini: Bir necha kun bo'ldi.
 (허트느: 브르 네차 꾼 뽈드)

❖ 남편 : 생리기간이라서 그런가?
 (nampyon: sengni kiganiraso kironga?)
 Eri: Hayz vaqti bo'lganligi uchun shundaymikin?
 (에르: 하이즈 바크트 뽈간리기 우춘 쑨다이므킨?)

❖ 아내 : 생리 예정일이 좀 지났어요.
 (ane: sengni yejoniri cho'm chinassoyo')
 Xotini: Hayz vaqtidan biroz o'tib ketdi.
 (허트느: 하이즈 바크트단 브르즈 오틉 켈드)

❖ 남편 : 혹시 임신한 거 아니에요?
 (napyon: ho'kshi imshinhan go aniyeyo'?)
 Eri: Mabodo xomilador emasmisan?
 (에르: 마버더 허미라더르에마스므산?)

❖ 아내 : 그런 것 같아요.
 (ane: kiron kot katayo')
 Xotini: Shunaqaga o'xshaydi.
 (허트느: 슈나카갸 오흐샤이드)

❖ 남편 : 임신 테스트 해 봤어요?
 (nampyon: imshin tesiti he passoyo'?)
 Eri: Xomiladorlikni aniqlaydigan test qilib ko'rdingmi?
 (에르: 허미라더르릭크느 아늑라이드갼 테스트 클릅 코르딘기즈므?)

❖ 아내 : 아직은요.
 (ane: ajikinyo)
 Xotini: Xali yo'q.
 (허트느: 할르 욕)

❖ 남편 : 지금 산부인과에 가자.
　(nampyon: chigim sanbuinkwae kaja)
　Eri: Hozir ginekologga ketdik.
　(에르: 허즈르 게네콜록갸 켈딕)

V-2 산부인과에 갔을 때(Ginekologga borganda)

❖ 의사 : 어떻게 오셨어요?
　(isa: ottokke o'shyossoyo')
　Shifokor: Nima maqsadda keldingiz?
　(시퍼커르: 느마 막삳다 켈딘기즈)

❖ 남편 : 제 아내가 임신했는지 검사해 주세요.
　(nampyon: che anega imshinhenninji komsahe chuseyo')
　Eri: Turmush o'rtog'im xomilador bo'lganmikin tekshirib bering.
　(에르: 투루무시 올터극 허밀라더르 뽈간므킨 텍시릅 베링)

❖ 의사 : 축하합니다. 부인이 임신하셨어요.
　(isa: chukhahamnida. buini imshinhashyossoyo')
　Shifokor: Tabriklayman. Turmush o'rtog'ingiz xomilador ekan.
　(시퍼커르: 탑릭라이만. 투르무시 올터긴기즈 허밀라더르 에컌)

❖ 남편 : 정말이에요? 나 아버지가 됐어요. 믿어지지 않네요.
　(nampyon: chongmariyeyo'? na apojiga tvessoyo'. midojiji anneyo')
　Eri: Rostdanmi? Men dada bo'lamanmi? Ishonish qiyin.
　(에르: 러스단므? 멘 아다 보라만므? 이셔느시 크인)

제3부 유용한 대화들　239

❖ 의사 : 임신한지 2주 됐어요. 지금부터 조심하셔야 됩니다.
(isa: imshinhanji I ju tvessoyo'. chigimputo choshim hashyoya tvemnida)
Shifokor: Xomilador bo'lganligiga ikki hafta bo'ldi. Bundan buyon ehtiyot bo'lishingiz zarur.
(시퍼커르: 허밀라더르 뽈간리기갸 이키 하프타 뽈드. 뿐단 부연 에흐티욭 뽈르신기즈 자루르)

❖ 남편 : 여보 임신 2주 됐어요.
(nampyon: yobo' imshin I ju tvessoyo')
Eri: Jonim, xomilaga ikki hafta bo'libdi.
(에르: 저늠, 허밀라갸 이키 하프타 뽀릅드)

❖ 아내 : 정말이에요? 너무 좋아요. 참 잘 됐어요
(chongmariyeyo? nomu choayo. cham chal tvessoyo).
Xotini: Rostdanmi? Juda yaxshi. Yaxshi bo'libdi.
(허트느: 러스단므? 주다 야흐시. 야흐시 보릅드)

❖ 남편 : 오늘부터 무거운 물건, 짐 절대로 들지 마세요.
(nampyon: o'nilputo mugoun mulgon, chim choltero' tilji maseyo')
Eri: Bugundan boshlab og'ir narsalarni, yuklarni umuman ko'tarmaysiz.
(에르: 뿌꾼단 버실랍 어그르 나르살라르느, 육랄느 우무만 코타르마이스즈)

❖ 아내 : 의사 선생님이 무엇이라 하셨어요?
(ane: isa sonsengnimi muoshira hashyossoyo')
Xotini: Shifokor nima dedi?
(허트느: 시퍼커르 느마 데드)

❖ 남편 : 약을 함부로 먹지 않아야 하고, 매사에 조심하래요
(nampyon: yagil hamburo' mokchi anaya hago', mesaye choshimhareyo')
Eri: Dorini pala-partish ichmaslik, butun tanasini ehtiyot qilishi kerak dedi.
(에르: 더르느 팔라-파르트시 이치마슬릭, 부툰 타나스느 에흐티욭 클르시 케락 데드)

❖ 아내 : 이 걸 알아요.
(ane: igol arayo')
Xotini: Buni bilaman.
(허트느: 뿌느 블라만)

❖ 남편 : 의사 선생님이 철분, 칼슘, 영양제를 먹어야 한 대요.
(nampyon: isa sonsengnimi cholbun, kalshum, yongyangjeril mogoya handeyo')

❖ 아내 : 우리 아기를 위해 많이 먹을게요.
(ane: uri agiril uvihe mani mogilkkeyo')
Xotini: Bizning farzandimiz uchun yaxshi ovqatlanaman.
(허트느: 비츠닝 파르잔드므즈 우훈 야흐시 어브카틀라나만).

❖ 남편 : 응, 먹고 싶은 거 많이 사 줄게요.
(nampyon: ing, mokko' shipin go mani sa chulkkeyo')
Eri: bo'pti. Yemoqchi bo'lgan narsalaringdan olib beraman.
(에르: 봎트. 예먹츠 뽈ган 날살라링단 얼릅 베라만)

❖ 아내 : 여보, 고마워요.
(ane: yobo', ko'mavoyo')
Xotini: Jonim, rahmat.
(허트느: 저늠, 라흐마트.)

❖ 남편 : 뭘요? 우리가 남인가요!
(nampyon: muollyo? uriga namingayo')
Eri: Nima deyapsiz? Biz begonamizmi axir.
(에르: 느마 데얍스즈? 브즈 베갸나므즈므 아흐르)

❖ 아내 : 그 의미가 아닌데요. 진짜 고마워서 그래요.
(ane: ki imiga anindeyo'. chinch'a ko'mavoso kireyo')
Xotini: Unday demoqchi emasman. Haqiqatdan minnatdorligimdan shunday deyapman.
(허트느: 운다이 데먹치 에마스만. 하키캍단 민낱더를리김단 쑨다이 데얖만)

❖ 남편 : 오히려 내가 고마워해야지요.
(nampyon: o'xiryo nega ko'mavoheyajiyo)
Eri: Aksincha men minnatdor bo'lishim kerak.
(에르: 악슨차 멘 민낱더르 볼르심 케락)

❖ 아내 : 집에 가서 엄마에게 전화해요.
(ane: chibe kaso ommaege chonhvaheyo')
Xotini: Uyga borib oyimlarga qo'ng'iroq qilamiz.
(허트느: 우이갸 버릅 어임라르갸 콘그럭 클라므즈)

❖ 남편 : 응, 어머니, 아버지 온 가족 다 기뻐하시겠어요.
(nampyon: ing, omoni, apoji o'nkajo'k ta kippohashigessoyo')
Eri: Ha, oyimlar, adamlar barcha xursand bo'lishadi.
(에르: 하, 어임라르, 아담라르 발차 후르산드 볼라드)

❖ 아내 : 언제 병원에 또 와요?
(ane: onje pyongvone t'o vayo')X
Xotini: Qachon yana kasalxonaga kelamiz?
(허트느: 카천 야나 카살허나갸 켈라므즈)

❖ 남편 : 당신 건강하고 우리 아기가 잘 자라면 한 달 후에 병원에 다시 와요.
(nampyon: tangshin konganghago' uri agiga chal charamyon han tal hue pyongvone tashi vayo')
Eri: Agar siz sog' bo'lsangiz, farzandimiz yaxshi o'ssa, bir oy o'tib yana kelamiz.
(에르: 아갸르 스즈 서그 볼산기즈, 파르잔드므즈 야흐시 오싸 브르 어이 오틉 야나 케켈라므즈)

제13과 교통
(Transport)

- ❖ 실례하지만 말씀 좀 묻겠습니다.
  (shillejiman mals'im cho'm mukkessimnida)
  Kechirasiz, bir narsa so'ramoqchi edim.
  (케치라스즈, 브르 나르사 소라먹치 에듬)

- ❖ 화장실이 어디에요?
  (xvajangshiri odiyeyo')
  Hojatxona qayerda?
  (허작허나 카에르다)

- ❖ 저기에 있어요.
  (chogiye issoyo')
  Ana u yerda.
  (아나 우 예르다)

- ❖ 화장실 밖에 있어요.
  (xvajangshil pakke issoyo')
  Hojatxona tashqarida.
  (허자트허나 타시카르다)

- ❖ 여기서 멀어요?
  (yogiso moroyo')
  Bu yerdan uzoqdami.
  (뿌 예르단 우적다므)

- ❖ 걸어서 약 5분입니다.
  (koroso yak o' bun imnida)
  Yayov borsangiz taxminan 5 daqiqa ketadi.
  (야여브 버르산기즈 베시 다키카 케타드)

❖ 여기가 어디죠?
   (yogiga odijyo'?)
   Bu yer qayer?
   (뿌 예르 카예르?)

❖ 길을 잃어버렸어요.
   (Kiril iroboryossoyo')
   Yo'ldan adashib qoldim.
   (욜느 요커톱 코이듬)

❖ 이 지방을 잘 아세요?
   (i chibangil chal aseyo'?)
   Bu atroflarni yaxshi bilasizmi?
   (뿌 앝롶라르느 야흐시 쁠라스즈므?)

❖ 여기서 거기에 어떻게 가요?
   (yogiso kogiye ottokke kayo'?)
   Bu yerdan u yerga qanday boriladi?
   (부 에르단 우 예르갸 칸다이 뻐를라드?)

❖ 버스를 타고 가세요.
   (Bosiril thago' kaseyo')
   Avtobusga chiqib boring.
   (아브토부스갸 츠큽 버링)

❖ 몇 번 버스를 타면 돼요?
   (myobbon bosiril' tamyon dveyo')
   Nechanchi avtobusga o'tirish kerak?
   (네찬츠 아브토부스갸 오트르시 케락)

❖ 100번 버스를 타면 돼요.
   (pek bon bosiril tamyon dveyo')
   Yuzinchi avtobusga o'tirsa bo'ladi.
   (유즌츠 아브토부스갸 오트르시 케락)

❖ 가장 가까운 병원이 어딘지 말씀해 주세요.
  (kajang kakkaun pyongvoni odinji malsimhechuseyo')
  Eng yaqin kasalxona qayerdaligini aytib yuboring.
  (앵 애큰 카살허나 카에르달리기느 아이톱 베링)

❖ 시청으로 가는 길을 좀 가르쳐 주세요.
  (shichongiro' kanin kiril' cho'm karicho chuseyo')
  Hokimiyatga boradigan yo'lni aytib yuboring.
  (허키미얕갸 버라드갼 욜느 아이톱 베링)

❖ 이 근처 시장이 있어요?
  (i kincho shijangi issoyo')
  Bu atrofda bozor bormi?
  (뿌 아트럳다 버저르 카예르다 버르)

❖ 시장에 가고 싶어요.
  (shijange kago' shipoyo')
  Bozorga borgim kelyapti.
  (버저르갸 버르김 켈얍트)

❖ 시장에 어떻게 가요?
  (shijange ottoke kayo')
  Bozorga qanday boradi?
  (버저르갸 칸다이 버를라드)

❖ 이 길로 똑 바로 가세요.
  (i killo' to'k paro' kaseyo')
  Bu yo'ldan to'g'ri boring.
  (뿌 욜단 독르 버링)

❖ 모퉁이에서 우회전해서 가세요.
  (mo'thungieso uhvejonheso kaseyo')
  Burchakdan o'ng tomonga qayriling.
  (뿌르착단 옹 터먼갸 카이를링)

❖ 시장은 우체국 건너편에 있어요.
(shijangin ucheguk konnophyone issoyo')
Bozor pochtaning ro'para tomonida joylashgan.
(버저르 퐂타닝 로파라 터머느다 버르)

❖ 저랑 함께 가시죠?
(chorang hamkke kashijiyo')
Men bilan birga boring.
(멘 블란 브르갸 버링)

❖ 지하철역으로 가는 길을 가르쳐 주세요.
(chihacholyogiro' kanin kiril karicho chuseyo')
Metroga boradigan yo'lni aytib yuboring.
(메트로갸 버라디갼 욜느 아이톱 유버링)

❖ 서울 두 장 주세요.
(soul tu jang chuseyo')
Seulgacha 2tachipta bering
(세울가차 이끼타 벨링)

❖ 어디서 타요?
(odiso tayo')
Qayerdan o'tiraman?
(카예르단 오트라만?)

❖ 그 곳에서 지하철로 갈 수 있어요?
(kigo'seso' chihachollo' kalsu issoyo'?)
U yerdan metroda ketsa bo'ladimi?
(우 예르단 메트로다 켙사 볼라드므?)

❖ 지하철로 가도 되고 택시로 가도 돼요.
  (chihachollo' kado' tvego` tekshiro' kado' tveyo')
  Metroda borsa ham bo'ladi, taksida borsa ham bo'ladi.
  (메트로다 버르싸 함 볼라드, 탁시따 버르싸 함 볼라드)

❖ 중간에 안 갈아타도 되죠?
  (chungane an karatado' tvejyo')
  Orada boshqa yo'lga o'tilmaydimi?
  (어라다 버시카 욜갸 오틀마이드므)

◉ 택시를 탈 때 목적지만 말하면 됩니다.(Taksiga o'tirganda boriladigan manzilni aytish kifoya.)

❖ 손님 : 중앙시장으로 가주세요.
  (so'nnim: chungangshijangiro' kachuseyo')
  Yo'lovchi: Chungang bozoriga ketdik.
  (욜러브츠: 춘간 버저르갸 켙딕)

❖ 택시기사 : 다 왔어요.
  (tekshi kisa: ta o'assoyo')
  Haydovchi: Etib keldik.
  (하이더브치: 에팁 켈딕)

❖ 손님 : 여기서 내려 주세요.
  (so'nnim: yogi neryo chuseyo')
  Yo'lovchi: shu yerda qoldiring.
  (욜러브츠: 슈 예르다 컬드링)

❖ 택시기사 : 안녕히 가세요.
  (tekshi kisa: annyonhi kaseyo')
  Haydovchi: Yaxshi boring.
  (하이더브치: 야흐시 버링)

❖ 손님 : 감사합니다. 안녕히 가세요.
(so'nnim: kamsahamnida/ annyonghi kaseyo')
Yo'lovchi: Rahmat, yaxshi qoling.
(욜러브츠: 라흐마트, 야흐시 컬링)

제14과 남편이 늦게 집에 오니까 아내가 삐질 때
(Eri uyga kech kelgani uchun xotinining xafa bo'lishi)

❖ 남편 : 당신은 다 예쁜데 잘 안 삐졌으면 더 좋겠어요.
(namphyon: tangshinin ta yep'inde chal an p'ijyosimyon to cho'kkesoyo')
Eri: Siz juda chiroylisiz, ammo xafa bo'lmasangiz undan ham yaxshi bo'lar edi.
(에르: 스즈 쥬다 치럴리 스즈, 암머 하파 뽈마산끼즈 운딴 함 야흐시 뽈라르 에드)

❖ 아내 : 당신이 집에 늦게 오니까 그렇죠.
(ane: tangshini chibe nikke o'nikka kirojjyo')
Xotini: Siz uyga kech kelganingiz uchun shunaqa-da.
(허트느: 스즈 우이꺄 케츠 겔갸닌기즈 우춘 슈나카다)

❖ 남편 : 알고 삐져야지요.
(nampyon: al'go' p'ijyoyajiyo)
Eri: Bilib xafa bo'lish kerakda.
(에르: 블릅 하파 볼리시 케락다)

❖ 아내 : 뭐 알라고 그러세요?
(ane: muo allago' kiroshyoyo'?)
Xotini: Nimani bilgin deyapsiz?
(허트느: 느마느 블낀 데얖스즈?)

❖ 남편 : 한국은 모임이 많아서 가끔 집에 늦게 들어 올 때도 있어요.
 (nampyon: hangugin mo'imi manaso kak'im chibe nikke tiroo'l t'edo' issoyo)
 Eri: Koreyada majlislar ko'p bo'ladi, shuning uchun gohida uyga kech keladigan vaqtlar ham bo'lib turadi.
 (에르: 코레야다 마즐르슬라르 콥 볼라드, 슈닝 우춘 거흐다 우이갸 케츠 켈䬽드갼 바큳라르 함 볼릅 투라드)

❖ 아내 : 늦게 오시면 미리 전화하세요.
 (ane: nikke o'shimyon miri chonhva haseyo')
 (Xotini: Kech kelsangiz oldindan qo'ng'iroq qilib ogohlantiring.
 (허트느: 케츠 켈산기즈 얼든단 콘그럭 클릅 어거흘란트링)

❖ 남편 : 가끔 그렇지 못할 때도 있으니까 이해 해 주세요.
 (nampyon: kakkim kirojji mo'thal t'edo' issinik'a ihehe chuseyo')
 Eri: Gohida ogohlantira olmaslik holatlari ham bo'lib turadi, tushuning meni.
 (에르: 거흐다 어거흘란트라 얼마슬릭 헐라틀라르 함 뽈릅 투라드, 투슈닝 메느)

❖ 아내 : 이해하는데 자주 하면 안돼요
 (ane: ihehaninde chaju hamyon andveyo')
 Xotini: Tushunaman, ammo bu holat ko'p bo'lmasin.
 (허트느: 투슈나만, 암머 뿌 헐라틀라르 콥 뽈마슨)

❖ 남편 : 이해 해 줘서 고마워요.
 (nampyon: ihe he chuoso ko'mavoyo')
 Eri: Tushunganingiz uchun rahmat.
 (에르: 투슌갸닌기즈 우춘 라흐마트)

❖ 아내 : 밖에서 술 많이 드시고 오시면 안돼요.
 (ane: pak'eso sul mani tishigo' o'shimyon andveyo')
 Xotini: Ko'chadan ko'p aroq ichib kelish mumkin emas.
 (허트느: 쿠짜단 콥 아럭 이츕 켈르시 뭄킨 에마스)

❖ 남편 : 알았어요. 술 먹고 실수 할까봐 그렇지요?
  (nampyon: arassoyo'. sul mokko' shilsu halkka boa kirojiyo')
  Eri: Tushundim. Aroq ichib xato qilib qo'yadideq, shunqadeyapsanmi?
  (에르: 투슌듬. 아럭 이츕 하터 클립 쿠야디, 슌다이므?)

❖ 아내 : 그래요, 이제 왜 전번에 삐졌는지 알았겠죠?
  (ane: kireyo', ije ve chonbone p'ijyonninji araggejyo')
  Xotini: Shunday, endio'tkan safar nimaga jahlim chiqqanini tushundirsiz-a?
  (허트느: 슌다이, 엔드 느마갸 자흘름 측카느느 투슌딘기즈 아)

❖ 남편 : 그래서 미안했잖아요.
  (nampyon: kireso mianhechanayo')
  Eri: Shuning uchun kechirim so'radimku.
  (에르: 슈닝 우춘 케츠름 소라뜸꾸)

❖ 아내 : 왜 가끔 집에서 안자고 다른 데서 잤어요?
  (ane: ve kak'im chibeso anchago' tarin deeso chassoyo')
  Xotini: Nimaga ba'zan uyda uxlamasdan boshqa joyda uxladingiz?
  (허트느: 느마갸 빠잔 우이다 우를라마스단 버시카 저이따 우흘라딘기즈)

❖ 남편 : 한국에서 친한 친구의 부모님이 돌아가시면 빈소에서 밤을 같이 새요.
  (nampyon: hangugeso chinan chingue pumo'nimi to'rakashimyon pinso'eso pamil kachi seyo')
  Eri: Koreyada yaqin do'stining ota-onasi olamdan o'tsa, o'likxonada ertalabgacha birga bo'ladi.
  (에르: 코레야다 야큰 도스트닝 어타-어나스 얼람단 오트사, 올릭 허나다 에르탈랍가짜 브르가 불라드)

❖ 아내 : 아, 그렇구나. 저 몰랐어요. 정말 좋은 관습이에요.
(ane: a, kirokkuna. cho mo'llassoyo'. chongmal choin kvansibiyeyo)
Xotini: A, shundaymi? Men bilmasdim. Juda yaxshi urf ekan.
(허트느: 아, 슌다이므? 멘 블마스뜸. 쥬다 야흐시 우르프 에캰)

❖ 남편 : 될 수 있으면 다른 데서 자지 않을게요.
(Tvil su issimyon tanindeso chaji anilkeyo)
Eri: Iloji boricha boshqa joyda tunamaslikka harakat qilaman.
(nampyon: tvelsu issimyon tarin de eso chaji anil'kkeyo')

❖ 아내 : 혼자 자면 무서워요.
(ane: ho'nja chamyon musovoyo')
Xotini: Yolg'iz uxlasam, qo'rqaman.
(허트느: 열그즈 우흘라삼, 콜카만)

❖ 남편 : 알았어요. 앞으로 혼자 자게 하지 않으니까 많이 삐지지 마세요.
(nampyon: arassoyo'. apiro' ho'nja chage haji aninikka mani p'ijiji maseyo')
Eri: Tushundim. Bundan buyon yolg'iz uxlashingizga yo'l qo'ymayman xafa bo'lmang.
(에르: 투슌듬. 뿐딴 뿌연 열그즈 우흘라신기즈갸 욜 코이마이만 하파 뽈망)

❖ 아내 : 우리 서로 이해하는 마음으로 살기로 했잖아요.
(ane: uri soro` ihehanin maimiro' salgiro' hejjanayo')
Xotini: Axir biz bir-birimizni tushunib yashashga kelishganmiz-ku.
(허트느: 아흐르 쁘즈 브르–브르므즈느 투슈늡 야샷갸 켈르시갼므즈–꾸)

❖ 남편 : 우리 숨김없이 모든 걸 다 털어 놓고 말하자.
(nampyon: uri sumgimopshi mo'din gol ta thoro no'kko' maraja)
Eri: Keling, berkitmasdan hamma narsani ochiqchasiga gaplashib olaylik.
(에르: 켈링, 베르낕마스딴 함마 나르사느 어측챠스갸 갸플라십 얼라일릭)

❖ 아내 : 네, 툭하면 화내지 않기로 약속하자.
(ane: ne, thukhamyon xvaneji ankkiro' yakso`khaja)
Xotini: Ha, keling sal narsaga jahl qilmaslikka kelishaylik.
(허트느: 하, 켈링 살 날사갸 자흘 클마슬릭캬 켈르샤일릭)

❖ 남편 : 말이 아직 안 통하니까 싸우는 거 대신 통역관에게 먼저 전화하자.
(nampyon: mari ajik an tho'nghanik'a s'aunin go teshin tho'ngyokgvanege monjo chonhva haja)
Eri: Hali bir-birimizni yaxshi tushunmaganligimiz sababli urushish o'rniga kel avval tarjimonimizga qo'ng'iroq qilaylik.
(에르: 할르 브르–브르므즈느 야흐시 투슌마걔리기므즈 샤바블리 우루시시 오르느갸 켈 아빨 타르지머느므즈갸 콘그럭 클라일릭)

❖ 아내 : 네 알겠어요, 늦었으니까 자요.
(ane: ne, algessoyo', nijosinikka chayo')
Xotini: Ha, tushundim. Kech bo'ldi, uxlaylik.
(허트느: 하, 투슌듬. 케츠 뽈뜨, 우흘라일릭)

제4부 부록

llova

좋은 문서

한국 생활중 배우자가 유의 할 점
(Koreyada yashoyatkan kelin e'tiborga olishi kerak bo'lgan narsalar.)

1. 한국생활을 빠른 시일에 적용할 수 있도록 최선의 노력을 다한다.
(Koreya hayotiga tezda ko'nikib ketishi uchun qo'lidan kelgancha harakat qilish kerak.)

❖ 한국어를 빨리 배운다.
Koreys tilini tez o'rganishi kerak.

❖ 한국식 인사예절을 배운다.
Koreyscha salomlashish etiketini o'rganishi kerak.

❖ 가족관계 및 이름, 나이, 생일, 좋아하는 음식 등을 확인한다.
Qarindoshlik aloqasi va ismi-sharifi, yoshi, tug'ilgan kunini, yoqtirgan taomini bilishi kerak.

❖ 식사예절 및 음식 조리방법 등을 학습한다.
Ovqatlanish etiketi va ovqatni dasturxonga tortish usullari kabi boshqalarni o'rganish kerak.

❖ 집에 있는 전자 제품 등의 사용방법 등을 익힌다.
Uydagi elektr asbob-uskuna va boshqalarni ishlatish usulini o'rganish kerak.

❖ 생필품 쇼핑 방법 및 쇼핑센터 위치 등을 익힌다.
Uy-ro'zg'or bozorliklarini qilish usullari hamda supermarketlarning qayerda joylashganligini aniq bilish kerak.

❖ 한국 돈의 개념 및 사고 비싼 물건에 대한 가격의 판단력을 키운다.
Koreys milliy valyutasi haqida tushunchaga ega bo'lish, hamda tovar sifatiga to'g'ri baho bera olish kerak.

❖ 물건은 품질 좋으면서 값이 싼 물건이 좋다.
Arzon narxga yaxshi tovar sotib ola bilish kerak.

2. 한국에서 무단가출을 해서는 절대로 안된다.
(Koreyada o'z ixtiyoricha uydan chiqib ketish aslo mumkin emas.)

❖ 본인이 임의로 무단가출을 하면 한국에서는 위장결혼으로 판단하여 형사 고발되며 형사처벌을 받게 됩니다.
Agar siz o'zingizcha uydan chiqib ketsangiz, sizni sohta nikohda ayblab jinoiy javobgarlikka tortishlari mumkin bo'ladi.

❖ 만약 무단가출로 검거되어 형사처벌을 받으면 한국에는 도와줄 사람이 없음을 명심하여야 합니다.
Agar o'zingizcha uydan chiqib ketib sohta nikohda ayblablanib jinoiy javobgarlikka tortlshsangiz, Koreyada sizga yordam bera oladigan hech kim yo'qligini esda tuting.

❖ 참고로 한국은 러시아와 달리 경찰청 범인 검거 시스템이 잘되어 있어 무단가출 자는 쉽게 검거될 수 있음을 명심할 것
Eslatma uchun Koreyada O'zbekiston bilan farqli o'laroq jinoyatchilarni qo'lga olishda mustahkam tizim o'rnatilganligi sababli uydan chiqib ketganlarni oson qo'lga olishi mumkinligini esdan chiqarmang.

❖ 무단가출하여 취직하려고 해도 한국에는 불법이기 때문에 사업주가 처벌이 두려워 직원으로 채용하지 않음을 명심할 것
Uydan qochib ishga joylashmoqchi bo'lsaingiz ham Koreyada noqonuniy hisoblanganligi sababli ish beruvchi jazolanishdan qo'rqib ishga olmasligini

ham esda tuting.

3. 부부간의 성격차이를 인정하고 개선의 노력을 해야 한다.
(Er-xotinning xarakterlari farqini e'tiborga olgan holda ularni bartaraf qilishga harakat qilish kerak.)

❖ 부부간의 성격은 다를 수 있다는 사실을 인정해야 한다.
Er-xotinning xarakterlari boshqa boshqa bo'lishi mumkinligini inobatga olish kerak.

❖ 생각은 쉽게 개선되지 않으므로 인내심을 가지고 서로를 존중하면서 꾸준히 개선의 노력을 해야 한다.
Fikralar tez yetib bormasada sabir qilib o'zaro hurmat bilan astoydil tuzatishga harakat qilish kerak.

❖ 성격차이로 가정의 불화가 되지 않도록 서로 주의해야 한다.
Xarakterlarning farqi oilani buzilishiga olib kelmasligi uchun o'zaro ogoh bo'lish kerak.

4. 한국 배우자의 현재 경제력 및 생활수준을 존중해야 한다.
(Koreys turmush o'rtoqning hozirgi kundagi iqtisodiy ahvoli va yashash darajasini hurmat qilishi kerak.)

❖ 배우자의 경제력 및 생활수준을 인정하여 앞으로 행복하고 더 부유한 생활이 될 수 있도록 서로가 노력해야 한다.
Turmush o'rtog'ingizning iqtisodiy ahvoli va yashash darajasini tanolq yaxshi yashash uchun yanada harakat qilishi kerak.

5. 배우자의 경제력과 생활수준 및 성격 등을 다른 배우자와 비교하는 말이나 행동은 절대 해서는 안된다.
(Turmush o'rtog'ingizni iqtisodir ahvoli, yashash darajasi va xarakteri kabilarni boshqalar bilan solishtirib gapirish umuman mumkin emas.)

❖ 한국남성은 자존심이 강한 편이다.
Koreys erkaklari g'ururi baland.

❖ 자신의 배우자가 자신을 다른 배우자와 비교하여 격하 시키는말이나 행동을 하면 가정불화의 원인이 될 수 있음을 명심해야 한다.
O'zining turmush o'rtog'ini boshqalar bilan solishtirib uni yerga uradigan so'z aytsa yoki harakat qilsa oila buzilishiga sabab bo'lishi mumkinligini esda saqlashi kerak.

6. 한국 남편은 이런 여성을 좋아 한다.
(Koreys erkaklari qunday ayollarni yaxshi ko'rishadi.)

❖ 남편은 진심으로 인정하고 남편의 의견을 잘 따른다.
Turmush o'rtog'ini chin ko'ngildan tan olib uning fikriga qo'shiladigan ayol.

❖ 다정한 말 한마디에 애교 있게 행동하는 여성.
Yurakdan aytilgan bitta so'zga o'ziga maftun qilishga harakat qiladigan ayol.

❖ 부모 및 자녀를 잘 부양하는 여성.
Ota-onasi va farzandlariniga yaxshi g'amxo'r bo'ladigan ayol.

❖ 검소한 여성.
Kamtar ayol.

❖ 한국생활에 잘 적응해가지고 있는 여성.

Koreya hayotiga oson ko'nikadigan ayol.

7. 상기의 사항들을 학습할 때 노트에 메모하는 습관이 필요하다
(Yuqoridagi izohlarni yon daftarchangizga yozib olishni odat qilib oling.)

❖ 상기의 사항들을 학습할 때 노트에 메모하는 습관을 가지면 빠른 한국생활 적응에 도움이 됩니다.
Yuqoridagi izohlarni yon daftarchangizga yozib yursangiz Koreya hayotiga tezroq ko'nikib olasiz.

❖ 학습노트를 배우자나 가족이 혹시 보게 되면 열심히 노력하고 있는 당신에 대해 감사하게 생각합니다.
Turmush o'rtog'ingiz va ularning oila a'zolari yon daftarchangizni ko'rishsa oilangiz uchun astoydil harakat qilayotganligingizni ko'rib quvonishadi.

상호간의 호칭
(O'zaro munosabatlar)

1. 자기에 대한 호칭
(O'zingiz haqingizda)

① 저, 제 (cho, che): 웃어른이나 여러 사람에게 말 할 때
Men, mening (멘, 메닝): Yoshi kattalar va ko'pchilik oldida so'zlaganda.

② 나 (na): 같은 또래나 아랫사람에게 말할 때.
Men (멘): Tengdoshlar yoki yoshi kichik bo'lgan insonlar bilan suhbatlashganda.

③ 우리 (uri), 저희 (choi): 자기 쪽을 남에게 말할 때.
Biz(브즈), Bizlarning (브즐라르닝): O'z tarafidagilarni boshqalarga gapirganda.

2. 부모에 대한 호칭
(Ota-onaga murojaat)

① 아버지(aboji), 어머니(omoni): 자기의 부모를 직접 부르고 지칭하거나 남에게 말할 때.
Dada(아다), Oyi(어이): O'z ota-onasi chaqirib ataganda yoki o'zga kishiga gapirganda.

② 아버님(abonim), 어머님 (omonim): 남편의 부모를 직접 부르고 지칭하거나 남에게 말할 때
Dadajon(아다전), Oyijon(어이전): Turmush o'rtog'ining ota-onasi chaqirib ataganda yoki o'zga kishiga gapirganda.

③ 애비(ebi), 에미(emi), 아범(abom), 어멈(omom): 부모가 자녀에게 자기를 지칭할 때, 또는 할아버지나 할머니가 손자, 손녀에게 그 부모를 말하거나 지칭할 때.
Oyi(어이), Dada(다다): Ota-ona farzandlarga o'zlari haqida gapirganda yoki buva yoki buvi nabirasiga uni ota onasi haqida gapirganda.

④ 아빠(appa), 엄마(omma), 엄마: 말 배우는 아이가 자기의 보모를 부르거나 말할 때.
Dada(아다), oyi(어이): Tili chiqayotgan bola o'z ota-onani chaqirganda yoki ular haqida gapirganda.

⑤ 가친(家親)(kachin), 자친(慈親)(chachin): 자기의 부모를 남에게 말할 때 한문식 지칭.
Iyerogliflar orqali o'z ota-onalari haqida so'zlayotganda.

⑥ 춘부장(椿府丈)(chunbujang), 자당님(慈堂-)(chdangnim): 남에게 그의 부모를 말할 때.
Suhbatdoshiga ota-onalari haqida gapirayotganda.

⑦ 부친(父親)(puchin), 모친(母親)(mo'chin): 남에게 다른 사람의 부모를 말할 때
3-shaxsdagi odamning ota-onasi haqida gapirayotganda.

⑧ 현고(顯考)(hyongo'), 현비(顯妣)(hyonbi): 축문이나 지방에 돌아가신 부모를 쓸 때.
Vafot etgan ota-onasini aytganda

⑨ 선친(先親)(sonchin), 선비(先妣)(sonbi): 남에게 자기의 돌아가신 부모를 말할 때.
Sonchin, Sonbi: Boshqalar bilan o'zlarining o'lgan ota-onalari haqida gapirayotganda (o'zbek tilidagi "rahmatli" so'ziga tog'ri keladi).

⑩ 선고장(先考丈)(shingo'jang), 대부인(大夫人)(tebuin): 남에게 그 돌아가신 부모를 말할 때.
Songodjan, debuin: Suhbatdoshni o'lgan ota-onalari haqida gapirayotganda.

3. 형제자매간의 호칭
(Aka-ukalarning o'zaro bir-birlariga murojaati)

① 언니 (onni): 여동생이 여자 형을 부를 때
Opa(어파): Singilning opaga murojaati

② 형님(hyongnim): 기혼 남동생이 형을 부를 때, 또는 아랫동서가 손위동서에게 부를 때.
Aka(아가): Uylangan uka akasini chaqirganda yoki kelinning qayni akasiga murojaati.

③ 형(hyong) : 집안의 어른에게 형을 부를 때.
Aka(아카): Akasi haqida oilaning yoshi kattalari bilan gaplashayotganida.

④ 백씨(白氏)(pekshi), 중씨(仲氏)(chungshi), 사형(舍兄)(sahyong): 자기의 형을 남에게 말할 때
Bekshi, Chungshi, Saxyon: 3-shaxsdagilar bilan suhbatda o'z akasi haqida gapirganda.

⑤ 애(e), 이름(irim), 너(no): 미혼이나 10년이상 연하(年下)인 동생을 부를 때
Hey(허이), sen(센): uylanmagan yoki o'zidan 10 yosh kichiklarga nisbatan.

⑥ 동생(to'ngseng), 자네(chane), 이름(irim): 기혼이나 10년 이내 연하인 동생을 부를 때.
Uka,(우가), sen (센)ism : uylangan yoki o'zidan 10 yoshlar chamasi kichik ukaga nisbatan.

⑦ 아우 (au): 동생의 배우자나 남에게 자기의 동생을 말할 때.
Uka(우카): Uka yoki singilning xotini yoki eir yoki 3-shaxsdagilarga o'z ukasi haqida gapirganda.

⑧ 아우님(aunim), 제씨(cheshi): 남에게 그 동생을 말할 때.
Ukajon (우카전): 3-shaxsdagilarga ukasi haqida.

⑨ 에미(emi): 집안 어른에게 자녀를 둔 여동생을 말할 때.
Oyisi (어이스): Katta yoshdagilar bilan suhbatlashayotganda farzandlari bor singlisi haqida gapirganda.

⑩ 오빠(o'ppa) : 미혼 여동생이 남자형을 부를 때
Aka(아갸): erga tegmagan singil katta akasiga nisbatan.

⑪ 오라버님(o'rabonim) : 기혼 여동생이 남자 형을 부를 때
Katta aka(캍타 아캬): erga tekkan singil katta akaga nisbatan.

⑫ 오라비(o'rabi): 여동생이 집안 어른에게 남자 형을 말할 때.
Katta aka(캬타아카):katta akasi haqida singil oila a'zolariga gapirganda.

⑬ 누나(nuna): 미혼 남동생이 누이를 부를 때.
Katta opa (캬타 어파): Xylanmagan uka katta opasiga nisbatan.

⑭ 동생(to'ngseng), 자네 (chane) : 손위 누이가 기혼인 남동생을 부를 때.
Uka(우캬), sen (센): Katta opaning ukasiga nisbatan murojaati.

4. 형제자매의 배우자에 대한 호칭
Opa-akalarning turmush o'rtoqlariga murojaati.

① 아주머니(ajuoni), 형수님 (hyonsunim) : 시남동생이 형의 아내를 부를 때.
Kelinoyi(켈린너이): Ukaning uylangan akasining xotiniga nisbatan

② 아주미(ajumi), 아지미(ajimi), 형수(hyonsu): 집안 어른에게 형수를 말할 때
Kelinoyi(켈리너이): kelinoyi haqida katta oila a'zolari bilan suhbatda

③ 형수씨 (hyongsushi): 남에게 자기 형수를 말할 때.
Kelinoyi (켈리너이): 3-shaxsga kelinoyisi haqida gapirganda.
④ 제수씨 (chesushi): 동생의 아내를 직접 부를 때.
Kelin(켈른): to'g'ridan-tog'ri ukasining xotiniga murojaat.

⑤ 제수(chesu) : 집안 어른에게 동생의 아내를 말할 때.
Kelin(켈른): Oilaning kattalari bilan kelin haqida gapirganda.

⑥ 언니 (onni): 시누이가 오라비의 아내를 부를 때.
Opa(어파): kelinning katta akasining xotiniga nisbatan murojaati.

⑦ 올케(o'lke), 새댁(seddek), 자네(chane): 시누이가 남동생의 아내를 부를 때.
Ovsin(업슨), Kelin (켈른): kelinning ukasini xotiniga nisbatan.

⑧ 댁 (tek) : 집안 어른에게 남동생의 아내를 말할 때.
Kelin (켈른): katta oila a'zolari bilan ukasining xotini haqida.

⑨ 매부(mebu), 매형(妹兄)(mehyong): 누님의 남편을 부를 때와 자매의 남편을 남에게 말할 때.
Pochcha(퍼챠): katta opaning eri, opalarining erlari haqida 3-shaxsga gapirganda.
⑩ 자형(姊兄) (chahyong) : 오빠가 여동생의 남편을 부를 때

Kuyov(쿠여브): akaning singlisini eriga murojaati.

⑪ 서방 (sobang), 자네(chane): 언니나 오빠가 여동생의 남편을 부를 때.
Kuyov(쿠어브): aka yoki opasini o'z singlisining eriga murojaati.

⑫ 매제(妹弟)(meje) : 누이동생의 남편을 남에게 말할 때.
Kuyov(쿠여브), pochcha(퍼차): 3-shaxdagi odam bilan so'zlashayotganda opasi yoki singlisining eri haqida gapirganda.

⑬ 형부(兄夫)(hyongbu) : 여동생이 언니의 남편을 부를 때.
Pochcha(퍼차): opasining eriga nisbatan murojaati.

5. 기타 친척간의 호칭
(Boshqa qarindoshlar orasida murojaatlar)

① 할아버지(harapoji), 할머니(halmoni): 조부모를 직접부르거나 남에게 말할 때
Doda(도다), buvi(부브): to'g'ridan-to'g'ri gapirganda, yoki boshqalarga buvisi do'dasi haqida gapirganda.

② 할아버님(haraponim), 할머님(halmonim) : 남에게 조부모님을 말할 때와 남편의 조부모님을 부를 때.
Dodajon(도다전), buvijon(부브전): boshqalarga buvisi dodasi haqida gapirganda yoki erining buvisi va dodasiga murojaat qilganda.

③ 대부(大父)(tebu), 대모(大母)(temo') : 자기의 직계존속과 8촌이 넘는 할아버지와 할머니를 부를 때.
Oppoq buvi(업펵 부브), Oppoq doda(업펵 도다): o'zining to'g'ridan to'rgi ajdodlari va 8 ajdoddan o'tib kelgan buvi va buvasini chaqirganda.

④ 큰아버지(kin apoji), 큰어머니 (kin omoni), 몇째 아버지(myochche apoji), 몇째 어머니(myochche omoni), 작은아버지(chagin apoji), 작은 어머니(chagin omoni): 아버지의 형제와 그 배우자를 부르거나 말할 때. 이때 맏이는 큰. 막내는 작은. 기타 중간은 몇째를 붙인다. 이것은 형제 자매나 차례가 있는 친족의 칭호에 공통으로 쓰인다.

Katta ota(카타 어타, 아마키), Katta ona(amma)(캬타어나, 암마): otasining aka ukalari, opa-singillariga nisbatan qo'llaniladi. bunda khin-katta, chagin - kichik, ularning o'rtasidagilarini nechanchiligini aytib chaqiriladi. Ushbu so'zlar ko'pchilik aka-ukalarda ham qo'llanilishi mumkin.

⑤ 아저씨(ajoshi), 아주머니(ajumoni): 아버지와 4촌 이상인 아버지 세대의 어른과 그 배우자를 부를 때.
Amaki(아마키), opoqi(어퍼크), kelinoyi(켈리너이): otasi tengilarga otasining erkak va ayol qarindoshlariga nisbatan qo'llaniladi.

⑥ 고모 (ko'mo'), 고모부(ko'mo'bu): 아버지의 자매와 그 배우자를 부를 때.
Amma(아마키), pochcha(퍼챠): otasining opasiga va ularning eriga.

⑦ 외숙(vesuk), 외고모(veko'mo'): 어머니의 형제와 그 배우자를 부를 때.
Tog'a(터가), Kelinoyi(켈리너이): Onasining aka-ukalari va ularning xotinlariga.

⑧ 이모(imo'), 이모부(imo'bu): 어머니의 자매와 그 배우자를 부를 때.
Xola(헐라), Pochcha(퍼챠): onasining opa-singillari va ularning turmush o'rtog'lariga nisbatan.

5. 이웃간의 호칭
(Qo'shnilar orasidagi murojaat)

① 어르신(orishin), 어르신네(orishine) : 부모의 친구, 친구의 부모, 또는 부모같이 나이가 많은 남녀 어른(자기보다 16년 이상 연상자).
Muhtaram(무흐타람): ota-onaning do'stlariga, do'slarining ota-onalariga, ota-onasining tengdoshlariga (so'zlayotgan odamdan 16 yosh katta odamga) nisbatan qo'llaniladi.

② 선생님(sonsenhnim): 자기가 존경하는 웃어른이나 직업이 선생님 남녀어른.
Ustoz(우스더즈): yoshi jihatidan katta hurmatli inson(ayol yoki erkak) ga nisbatan, yoki mutaxasisligi o'qituvchi bo'lgan insonga.

③ 형님(hyongnim), 형(hyong): 자기와 6~10년 사이에 드는 연상, 연하자와의 상호 칭호.
Katta aka(캬타 아캬), aka(아캬): so'zlovchidan 6-10 yosh katta bo'lgan erkakka nisbatan.

④ 선배님(sonbenim), 선배(sonbe): 학교 선배나 같은 일을 하는 연장자.
Akajon(아캬전), aka(아캬): o'zidan katta kurs yoki katta sinfda o'qiydigan bolaga yoki birga ishlaydigan hamkasblari orasida o'zidan yoshi kattasiga nisbatan.

⑤ 이름(irim), 자네(chane): 상하10년 이내의 연령차로서 친숙한 사이.
Ismi bo'yicha murojaat(irim, chane): odamlarni o'zaro bir-birlariga murojaati, orasida 10 yoshcha farq bo'lgan odamlarga nisbatan.

⑥ 00님: 상대가 위치한 직책명에 님을 붙인다.
(00nim): so'zlovchi -nim qo'shimchasini qo'shib mansabi va unvonini hurmat qilganligini bildiradi.

⑦ OOO아버님 : 친구나 잘 아는 사람과의 관계로 부르기도 한다.
(OOOabonim): do'stlar o'zaro, yoki bir-birini yaqin bilganlarida qo'llashadi.

⑧ 너(no).이름.애(ye): 미성년자나 아이들 또는 어린사람들이 친구끼리 말할 때.
sen(센), ism, hoy(허이): balog'at yoshiga yetmaganlarga, yoki yoshlarning o'zaro muomalasi vaqtida qo'llaniladi.

⑨ 잘모르는 사람에 대한 호칭 –
Notanish odamlarga murojaat

❖ 노인 어른.(no'in orin), 노인장 (no'injang): 60세이상의 남녀 노인.
Qariya(카리야), ota (어타): 60 yoshdan oshgan qariyalarga.

❖ 어르신(orishin), 어르신네(orishine): 자기부모님 같이 나이가 많은 남녀어른.
Otaxon(어타헌), onaxon(어나헌): ota-onasi tengi qariyaarga nisbatan.

❖ 선생님(sonsengnim) : 자기가 존경할 만큼 점잖거나 나이가 많은 남녀.
Ustoz(우스터즈): Hurmatga sazovor insonga nisbatan yoki yoshi ulug' insonga nisbatan.

❖ 형씨(hyongshi): 자기와 동년배인 남자끼리.
O'rtoq (오르턱), og'a (어가): Erkaklaaro - tengdoshlar o'zaro qo'llaydilar

❖ 학생 (xakseng): 학생신분인 남녀.
o'quvchi (오쿠브츠): o'quvchilar (o'g'il bola va qizlar).

제4부 부록

개인의 예절
(Shaxsiy etiket)

1. 서 있을 때의 예절
(Tik turgandagi etiket.)

① 발을 편하게 약간 옆으로 벌리되 앞뒤로 엇갈리지 않도록 한다.
Oyoqlarni qulay holatda turiladi, ammo oyoqlar oldi orqaga betartib holatda ochilmagan holatda bo'ladi.

② 무릎과 엉덩이, 허리를 자연스럽고 곧게 편다.
Belni, tizza, dumg'azasini tikka ushlamoq kerak.

③ 체중을 두 다리에 고르게 실어 몸이 한쪽으로 기울지 않도록 한다.
Oyoqlariga og'irlikni teng tashlab, tana bir tomonga og'ib ketmagan holda turish kerak.

④ 두 손은 앞으로 모아 잡는다.
Ikkita qo'lni old tomonda birlashtirib ushlanadi.

⑤ 가슴을 자연스럽게 편다.
Ko'krak qafasi rostlanadi.

⑥ 두 어깨는 수평이 되도록 반듯하게 해서 앞으로 굽혀지거나 뒤로 젖혀지지 않도록 한다.
Yelkalarni gorizontal holatda tutish kerakki, ular oldinga yoki orqaga og'ib ketishlari mumkin emas.

⑦ 고개는 반듯하게 들고 자연스럽게 앞으로 당긴다.
Boshni to'g'ri oldinga ko'tarish kerak.

⑧ 눈은 곱게 뜨고 시선은 자신의 정면 위쪽에 둔다.
Ko'zlar bilan to'g'ri oldinga qarash lozim, nigohni ro'paraga va sal yuqoriga qaratish lozim

⑨ 입은 자연스럽게 다문다.
Og'izni yopgan holatda ushlash.

2. 앉아 있을 때의 예절
(O'tirgandagi etiket.)

① 어른의 정면에 앉지 않고 되도록 남자는 어른의 왼쪽 앞 여자는 어른의 오른쪽 앞에 앉는다.
Kattalarni to'g'ri ro'parasiga o'tirish mumkin emas, erkaklar kattalardan sal chaproqda, ayollar esa o'ngroqda o'tirishlari lozim.

② 어른께서 먼저 앉으라고 한 뒤에 앉는다.
Kattalarning o'tirishga taklif qilishlaridan so'nggina o'tirish mumkin.

③ 먼저 왼쪽 무릎을 꿇고 다음에 오른쪽 무릎을 꿇어앉는다.
Avval chap so'ng o'ng tizza bukilgan holda o'tiriladi.

④ 두 손을 가지런히 펴서 두 무릎위에 얹거나, 모아 잡은 손을 남자는 중아에 여자는 오른쪽 다리 위에 놓으면 보기 좋다.
Ikki qo'l oldinga cho'qqilagan holatda tizza ustiga qo'yiladi, yoki erkaklar qo'llarni birlashtirib o'rtaga, ayollar esa o'ng oyoq ustiga qo'yadilar.

⑤ 입고 있는 옷이 앉은 주위에 함부로 펼쳐지지 않도록 다독거려 갈무리 한다.
Kiygan kiyimi shunday to'g'irlash lozimki kiyim osilib yotmasligi zarur.

⑥ 허리를 펴서 앉은 자세를 바르게 한다. 시선은 15도 각도로 아래를 본다.
Belni tik tutgan holada to'g'ri o'tirish lozim. Ko'z nigohi 15gradus pastga qaratilgan holatda bo'lishi zarur.

⑦ 방석에 앉을 때에는 방석을 발로 밟지 않도록 주의 한다.
Yostiqchaga o'tirayotganda uni ustiga iloji boricha bosmasligingiz zarur.

⑧ 왼쪽 무릎을 꿇기 전에 두 손으로 방석을 당겨 무릎 밑에 반듯하게 넣으면서 방석위에 무릎을 꿇는다.
Chap oyoqni bukishdan oldin ikkala qo'l yordamida yostiqni o'ziga tortib tizza ostiga suriladi undan so'nggina yostiqqa o'tiriladi.

⑨ 방석의 중에 앉되 발끝이 방석의 뒤편 걸쳐지게 앉는다.
Yostiqchaga o'tirishda shinday o'tirish lozimki, oyoqlaringiz yostiqchaning orqa tomoniga tegib turishi kerak.

⑩ 일어설 때에는 무릎을 들면서 두 손으로 방석을 원래 자리에 밀어 놓는다.
Turayotganda tizzalar hiyol ko'tariladi, so'ng ikkala qo'l yordamida yostiq joyiga qo'yiladi.

⑪ 어른이 편히 앉으라고 하면 편히 앉는다. 이때 벽이나 가구에 기대거나 손으로 바닥을 짚고 비스듬히 앉지 않도록 주의하며, 다리를 뻗고 앉지 않는다.
Agar oilaning kattasi bemalol o'tirishni taklif qilsa shunday qilish kerak. Bunda devor yoki mebelga suyanish yoki qo'l bilan polga teginmasdan o'tirishga va oyoqlarni cho'zmaslikka harakat qilish kerak.

⑫ 의자에 앉을 때에는 의자 옆에서 바른 자세로 정면을 향해 선 다음 의자 쪽으로 몸을 약간 돌리면서 의자 쪽의 손으로 의자의 등받이를 잡아 의자가 흔들리지 않게 한다.
Stulga o'trganda stul yonida tik turgan holatda badaningizni hiyol burib, qo'laringiz bilan stul tirgagini ushlab stul liqqilamayotganligiga ahamiyat berib tekshirib ko'ring.

⑬ 앉을 때에는 의자가 밀려 흔들리지 않도록 두 손으로 의자의 양 옆이나 팔걸이를 잡고 가만히 앉는다.
O'tirayotganda stul qimirlab ketmasligi uchun ikkala qo'lingiz bilan stulning ikki tomonidan yoki tirsak qo'ygichini ushlab ohista o'tirish kerak.

⑭ 두 무릎과 발끝을 붙이고 앉아 두 손은 포개 잡고 다리위에 얹으며, 등은 뒤에 깊이 기대지 말고 곧게 세워 앉는다.
Ikki tizza va oyoq tagini birgalashtirib o'tirib, ikki qo'lini birlashtirib ushlab, oyoq ustiga qo'yib, orqaga judayam qattuq suyanmasdan tik o'tirish kerak.

3. 걸을 때의 예절
(Yurayotgandagi etiket.)

① 양발 발뒤꿈치를 살짝 들고 걷는다.
Yurayotganda ikkala oyoq tovoningizni hiyol ko'targan holatda yuring.

② 옷자락이 펄럭이지 않게 잘 여미며 걷는다.
Yurayotganda etagingizni shunday tutingki ular har tomonga uchib ketmasin.

③ 너무 느리게 걸어 주위 사람들의 보행에 방해를 주어서도 안된다.
Juda sekin yurish mumkin emas, bu boshqa yo'lovchilarga noqulaylik tug'dirishi mumkin.

④ 실내에서 걸을 때에는 보폭을 실외에서보다 좁게 한다.
Xona ichida yurganda qadamni tashqaridagiga qaraganda maydaroq tashlash lozim.

⑤ 여자가 한복을 입을 때에는 발끝으로 치맛자락을 사뿐히 차듯이 밀며 걷는다.
Ayol kishi Xanbokni kiyib yurganda etagini ko'taribroq yurishi lozim.

⑥ 계단을 오르내릴 때에는 옷자락을 들고 잘 여미서 밟히지 않도록 한다.
Zinaga chiqish va tushishda kiyim etagini ko'tarib yaxshil yig'ib bosib olmaslikga harakat qilish kerak.

⑦ 남의 앞을 가로 지날 때에는 반드시 '실례합니다', '죄송합니다'라고 양해를 구한 뒤, 남의 몸에 부딪치거나 옷이 스치지 않게 주의하면서 민첩하게 걷는다. 또한 상대에게 정면으로 뒷모습을 보이지 않게 한다.
O'zganing oldini to'sib to'tayotganda alqatta, "Uzr", "Kechirasiz" deq, o'tishga ruxsat olingandan keyin, o'zga bilan to'qnashmaslikka yoki turtilib ketmaslikka harakat qilib jonli yurish kerak. Yana biri qarama qarshi tomonga old tomon bilan orqasi tomonini ko'rsatmaslikga harakat qilishi kerak.

4. 출입할 때의 예절

(Kirishda va chiqishda etiket.)

① 출입할 때에는 노크를 하거나 인기척을 내어 안에 있는 사람이 알도록 한다.
Kirib chiqganda ozgina taqqilatish yoki ichkaridagi kishiga o'zini bildirish kerak.

② 문을 열고 닫을 때에는 두 손으로 한다.
Eshikni ikkala qo'l bilan ochib yopish zarur.

③ 안으로 들어가거나 나올 때에는 문턱(문지방)을 밟지 않는다.
Ichkariga kirganda yoki tashqariga chiqganda ostonani bosmaslik zarur.

④ 방안의 사람에게 될 수 있는 대로 뒷모습을 보이지 않는다.
Ichkarida odamlarga iloji boricha orqasini ko'rsatmasligi kerak.

⑤ 문은 가능한 소리 나지 않게 여닫으며, 걷는 발소리도 나지 않게 한다.
Eshikni iloji boricha ovoz chiqarmasdan ochib yopish hatto oyoq tovushini ham chiqarmaslikga harakat qilish kerak.

⑥ 문을 필요 이상으로 넓게 열지 말고 문을 열어 놓은 채 다른 일을 하지 않는다.
Eshikni keragidan ortiq keng ochish yoki ochiq ravishda boshqa ishni qilish kerak emas.

⑦ 여닫이문은 살짝 밀어서 닫는다.
Ochib yopiladigan eshikni ozgina surib yopish zarur.

⑧ 미닫이문은 여닫을 때에는 두 손으로 잡아당겨 열고 닫는다.
Surilib ochiladigan eshiklarni ikkala qo'l yordamida ochib yopish zarur.

5. 물건을 다룰 때의 예절
(Narsalarni ishlatishda etiket.)

① 물건은 소리나지 않고 상하지 않게 다룬다.
Narsalar ovozini chiqarmasdan va lat yedirmasdan ishlatish kerak.

② 물건의 아래와 위, 속과 겉이 바뀌지 않게 다룬다.
Narsanini past va yuqorisi, ichki va tashqi tomonini almashtirmasdan ishlatish kerak.

③ 물건은 두 손으로 다루는 것을 원칙으로 한다.
Buyumlarni ikki o'l bilan ishlatishga odatlanish kerak.

④ 물건을 바닥에 놓을 때에나 바닥에서 들 때에는 앉아서 놓거나 둔다.
Buyumni polga qo'yganda yoki poldan olganda o'tirish kerak.

⑤ 칼이나 송곳 등 위험한 물건을 나에게 줄때에는 상대편이 손잡이를 잡기 편하도록 집어준다. 신문이나 책 등을 건네 줄 때에는 상대편에서 바르게 보이도록 한다.
Pichoq yoki o'tkir kesadigan kabi narsalarni o'zga shaxsga berayotganda qarama-qarshi shaxsni qulay ushlashi uchun ushlagichini ushlatish kerak. Jurnal yoki kitob kabilarni olib berayotganda qarama-qarshi turgan odamga ko'rinadigan qilib berishi kerak.

⑥ 앉은 사람에게는 앉아서 주고, 선 사람에게는 서서 준다.
O'tirgan odamga o'tirib, turgan odamga tik turib uzatish lozim.

⑦ 앉아서 주는 물건은 앉아서 받고 서서 주는 물건은 서서 받는다.
O'tirgan odamga buyum o'tirgan holatda, turgan odamga turgan holatda uzatilish lozim

⑧ 남에게서 물건을 받을 때에는 두 손으로 공손히 받아서 조심스레 놓아둔다.
Boshqa odamdan buyumni olganda ikki qo'lda kamtarlik va hurmat bilan olib ohista olib qo'yiladi.

⑨ 대접할 음식을 담은 그릇은 음식이나 그릇의 안쪽에 손이 닿지 않게 하며, 상이나 쟁반으로 받친다.
Taom tortiladigan idish taom yoki idishning ichki tomoniga qo'l tegmaslik harakat qilinib stol yoki patnos ustiga q'yiladi.

⑩ 바늘이나 핀같이 작은 물건은 큰 종이나 천에 찔러서 보관하며, 작거나 흐트러지기 쉬운 물건은 그릇에 담아서 보관한다.
Igna va to'g'nog'ichlar qog'oz yoki bir bo'lak matoga tiqilgan holatda

saqlanilib, sochiladigan mayda buyumlarni esa maxsus idishda saqlash lozim.

6. 대화할 때의 예절
(Suhbatda etiket)

① 대화 장소의 환경과 상대의 성격, 수준 등을 참작해 화제를 고른다.
Suhbatlashish joyini atrof muhit va suhbatdoshning xarakteri, darajasi kabilarni etiborga olgan holda tanlanadi.

② 사투리보다는 표준말을, 외래어나 전문용어보다는 쉬운 우리말을, 거친말 보다는 고운 말을 쓴다.
Shevadan ko'ra standartlashgan tilni, chet tilidan kirib kelgan so'zlar yoki maxsxus terminlardan ko'ra oson ona tilini, qo'pol so'zlar o'rniga chiroyli so'zlarni qo'llash kerak.

③ 감정을 편안하게 하고 표정은 온화하게 해서 말한다.
His-tuyg'usini ochiq aytish va yuz ifodasini yumshoq va bosiqlik bilan muomalada bo'lish zarur.

④ 작거나 크게 말하지 말고, 조용하면서도 알아듣기 좋게 말한다.
Juda past yoki juda baland ovozda gapirimasdan, shovqinsiz va tushunarli qilib gapirish kerak.

⑤ 발음을 정확하게 하고 속도를 조절해서 상대편이 이해하기 좋게 말하며, 상대가 정확히 이해하고 있는가를 살피면서 말한다.
Aniq talaffuz qilib tezlikni me'yoridasaglaq suhbatdoshingiz tushinishiga qulay gapirish bilan birga suhbatdoshingiz sizni aniq tushuna olayotganligini analiz qilib gapirish kerak.

⑥ 상대가 질문하면 자상하게 설명하고 의견을 말하면 성의 있게 듣는다.
Suhbatdoshingiz savol bersa to'liq tushintirib berish, o'z fikrini bildirayotganda esa, maslahat berish darazasida eshitish kerak.

⑦ 다른 사람이 이야기하는 도중에 말을 막거나 끼어들지 않고 의문이 있으면 말이 끝난 뒤에 묻는다.
O'zgalar gapirayotganda gapini o'rtadan bo'lish yoki gap orasiga tiqilmasdan gap tugagandan keyin so'rash kerak.

⑧ 화제가 이어지도록 간결하게 요점을 말해 중언부언하지 않는다.
Suhbat mavzusi bo'linmasligi uchun ortiqcha kerakmas gaplarni gapirmasdan qisqa va lo'nda so'zlash zarur.

⑨ 평소의 대화는 자기주장을 지나치게 고집해서 분위기가 상하는 일이 없도록 한다.
Odatiy suhbatlarda o'q talablarini baland ko'tarib qaysarlik qilib noqulay sharoitni yuzaga kelmasligiga harakat qilish kerak.

⑩ 말은 귀로만 듣는 것이 아니라 표정, 눈빛, 몸으로도 듣는다는 자세를 갖고 상대가 알아차리도록 은근하면서도 확실한 반응을 보인다.
Gapni faqat quloq bilan eshitish emas, yuz mimikasi, ko'z ifodasi, harakatlar orqali ham eshita olish holatini o'zlashtirish va suhbatdosh tinchlantira oladigan darajada xushmuomala bo'lgan holda ishonch bilan javob berish kerak.

⑪ 대화중에 자리를 뜰 때에는 양해를 구하고, 다른 사람에게 방해가 되지 않게 한다.
Suhbat o'rtasida o'rnindan turganda ruxsat so'ragan holda, boshqalarga halaqit bermasdan chiqish kerak.

⑫ 대화를 마치고 난 뒤에는 상대에게 감사를 표한다.
Suhbat so'ngida suhbatdoshga minnatdorchilik bildirish kerak.

7. 전화할 때의 예절
(Qo'ng'iroq qilayotgandagi etiket)

1) 전화를 걸 때(Qo'ng'iroq qilayotganda)
① 전화를 걸기에 앞서 상대의 전화번호를 확인하고, 용건을 미리 정리해 짧은 통화가 되게 한다. 만약 전화가 잘못 걸렸으면 정중하게 사과한다.

Qong'iroq qilishdan oldin telefon raqamni to'g'riligini yana bir bor ko'zdan kechiriladi va suhbat qisqa bo'lishi uchun, gapiriladigan gapni oldindan tayyorlab qo'yiladi. Agar noto'g'ri raqam terilgan bo'lsa muloyimlik bilan uzr so'rash kerak.

② 상대가 전화를 받으면 정확하게 연결되었는지 상대를 확인하고, 자기를 소개한다.

Agar suhbatdoshingiz go'shakni ko'tarsa suhbatlashmoqchi bo'lgan odam ekanligiga amin bo'lib o'zingizni tanishtiring.

③ 상대가 이쪽을 알아차리면 먼저 인사부터 하고 용건을 말한다.

Suhbatdoshingiz sizni tanigan bo'lsa, u bilan salomlashing va o'z maqsadingizni ayting.

④ 혹 다른 사람이 받았으면 정중하게 바꿔 주기를 청하고, 상대가 없으면 받은 사람에게 전해 줄 수 있는가를 정중하게 묻고 용건을 말한다.

Agar go'shakni boshqa odam ko'tarsa, muloyimlik bilan siz gaplashmoqchi bo'lgan odamga go'shakni berishini iltimos qiling, agar siz suhbatlashmoqchi bo'lgan odam joyida bo'lmasa, suhbatdoshdan xabarni yetkazib bera olishi mumkinligini so'zrab, iltimosingizni bayon eting.

⑤ 용건이 끝나면 정중하게 인사를 하고, 전화를 끊겠다고 말한 다음에 끊는다. 어른이 받았을 경우에는 어른이 먼저 끊는 것을 확인한 후에 끊는다.

Xabarni aytaningizdan so'ng muloyimlik bilan xayrlshib go'shakni qo'ying, agar go'shakni yoshi katta odam olgan bo'lsa, go'shakni qo'yganligiga iqror bo'lib keyin go'shakni qo'yishingiz zarur.

2) 전화를 받았을 때(Telefon go'shagini ko'targanda)

① 신호가 울리면 수화기를 들고, 평온한 말투로 먼저 대답을 하고 자기를 소개한다.
Telefon qong'irog'i chalinganda go'shkni ko'tarib xotirjamlik bilan eng avval javob berib keyin o'zingizni tanshtirishingiz lozim.

② 전화를 건 사람이 확인되면 먼저 인사부터 한다.
Qo'ng'iroq qilgan odamni aniqlaganingizdan gapni salomlashishdan boshlash kerak.

③ 다른 사람을 찾으면 친절하게 기다리라 말하고 바꾼다.
Agar sizga emas, boshqa odamga qo'ng'iroq qilingan bo'lsa, muloyimlik bilan kutib turishlarini iltimos qilib, go'shakni boshqa odamga bering.

④ 받을 사람이 없으면 그 사정을 설명하고, 대신 받아도 되겠느냐고 묻는다.
Agar go'shakni berishingiz bo'lgan odam yo'q bo'lsa, uning o'rniga xabarni qabul qilish mumkinmiligini so'rang.

⑤ 남에게 온 전화일 때에는 누가 언제 무슨 일로 전화를 했다는 통화내용을 기록해서 전해준다.
Boshqa odam qilgan qo'ng'iroq xabarni egasiga yetkazganda kim, qachon, nima sabab bilan qo'n'g'iroq qilganini suhbat mazmunini yetkazish kerak.

⑥ 통화가 끝나면 정중하게 인사하며, 가능하면 전화를 건 사람이 먼저 끊은 다음에 수화기를 내려놓는다.
So'zlashib bo'lgandan so'ng muloyimlik bilan hayrlashish kerak, go'shakni iloji boricha suhbatdosh go'shakni qo'ygandan so'ng qo'yish kerak.

⑦ 잘못 걸려온 전화라도 친절하게 응대 한다.
Agar qo'n'giroq noto'g'ri qilingan bo'lsa, muloyimlik bilan javob berish lozim.

8. 편지할 때의 예절
(Xat yozishdagi etiket normalari)

① 편지를 쓸 때에는 직접 하는 대화 때보다 정중한 용어를 쓴다.
Xat yozishda og'zaki nutqdan farqli o'laroq hurmat shaklida yozish kerak.

② 편지의 내용을 쓰는 순서
Xat yozishda mazmun ketma-ketligi.
㉠ 첫머리에 편지를 받을 사람을 쓴다('형님 받아보세요' 등)
Xat boshida xat oluvchining ism sharifi yoziladi, masalan "Katta akam uchun" va b.q.)
㉡ 계절을 말하고 상대와 주변의 안부를 묻는다.
Ob-havo haqida ozgina yozib, xat oluvchining ishlari bilan qatrindoshlari to'g'risida so'raladi.
㉢ 자기의 안부를 전한다.
O'zining hol-ahvolic haqida aytadi.
㉣ 용건을 말한다('아뢸 말씀은, 드리고자 하는 말씀은' 등)
Xat yozishdan maqsadingizni bildirish ("etkazmoqchi bo'lan gapim, xabar beramanki va h.z.)
㉤ 상대의 안녕을 빌며 끝맺음 한다.
Xat oluvchiga yaxshilik tilab xatni tugatish lozim.
㉥ 날짜를 쓰고 자기 이름을 쓴다.
Sanani yozib o'z ismingizni ham yozib qo'ying.

③ 편지봉투에는 체신부에서 정한 규격봉투를 쓰며, 상대편의 주소와 이름을 정확하고 깨끗하게 쓴다.
Pochtadan standart hajmdagi konvertni olib, aniq va toza qilib xat oluvchining manzilini va uning ismini yozish lozim.

④ 객지에 나가 있는 아들이 자기의 부모에게 편지를 쓸 때에는 봉투의 이름을 함부로 쓰지 않고 자기 이름을 쓰고 '본 집'이라고 쓰면 된다.
Agarda musofirchilikda yurgan o'g'il ota-onasiga xat yozayotganda, konvert ustiga ismini yozmasdan, o'z uyimga deb yozsa boladi.

⑤ 상대편의 이름 밑에는 '귀하', '에게', '앞'등을 격에 맞게 쓴다.
Xat oluvchining ismi tagiga "hurmatli", "uchun", va h.z. deb yozish zarur.

⑥ 자기의 주소 성명도 분명하게 쓴다.
O'zining manzil nomlarini aniq va tushunarli qilib yozish lozim.

9. 절할 때의 예절
(Ta'zim qilish ahloq-odobi)

1) 공손한 자세를 취할 때의 손의 모양(Ta'zim qilayotganda qo'llarning holati)
① 두 손을 앞으로 모아 잡고 다소곳하게 서든지 앉는다.
Ikkita qo'lni oldinga qo'yib tekis turish yoki o'tirish zarur.

② 남자가 평상시에 손을 모아 잡을 때에는 왼손이 위로 가게 두 손을 포개어 잡는다. 여자는 이와 반대로 오른 손이 위로가게 한다. 차례를 지낼 때에도 이와 같이 한다.
Erakaklar odatda qo'lni qo'l ustiga qo'yganda chap qo'li tepada bo'ladi. Ayollar esa aksincha, o'ng qo'llarini tepaga qo'yadilar. Ta'zim qilish marosimida ham aynan shu qoidaga rioya qilinadi.

③ 집안에서 상(喪)을 당하였을 때나 문상(問喪)을 갔을 때에는 남자는 오른손이 위로 가게 두 손을 포개어 잡으며, 여자는 왼손이 위로가게 한다.
Agar uyda motam bo'lsa yoki azali joyga boriladigan bo'lsa, erkak o'ng qo'lini tepaga, ayollar esa aksincha chap qo'lini tepaga qo'yishi lozim.

④ 소매가 넓은 예복을 입었을 때에는 포개어 잡은 손과 팔이 수평이 되게 올린다.

Agar yengi uzun bo'lgan maxsus marosim kiyimi kiyilgan bo'lsa, qo'llarni gorizontal holatda tekis ushlash lozim.

⑤ 소매가 좁은 평상복을 입었을 때에는 포개어 잡은 손의 엄지가 배꼽 부위에 닿도록 자연스럽게 앞으로 내린다.

Agar oddiy kostyum kiyilgan bo'lsa, qo'llar bo'sh holda tutilib qo'lning katta barmoqlari bir birini ustiga qo'yilgan holatda kindik ustida bo'lishi zarur.

⑥ 손을 포개어 잡고 앉을 때 손의 위치는 남자는 두 다리의 중앙에 얹고 여자는 오른쪽 다리 위에 얹으며, 남녀 모두 한쪽 무릎을 세우고 앉을 때에는 세운 무릎위에 얹는다.

Ikki qo'llar yig'ilgan holatda o'tirilsa, erkaklar qo'llarni oyoqlari o'rtasiga qo'yishlari, ayollar esa o'ng oyoqlarining ustiga qo'yishlari lozim, agar erkak va ayollar birgalikda o'tirsalar bitta tizzani ko'tarib o'tiradilar va shu ko'tarilib turgan tizzasiga ustiga qo'llar qo'yiladi.

2) 절하는 요령과 횟수(Ta'zim qilish ko'nikmalari va ularning soni)

① 살아있는 사람에게 절을 할 때에 우리나라 전통 예절에서는 남자는 한 번. 여자는 두 번을 기본 횟수로 하였으나 오늘날에는 또 같이 한번으로 한다.

Agar ta'zim tirik odam uchun amalga oshirilsa, koreys milliy udumlari bo'yicha, erkak bir marotaba, ayol 2 marotaba ta'zim qiladi, lekin hozirgi kungi kunga kelib bir xilda bir marta ta'zim qilinadi.

② 차례나 혼례 등의 의식행사와 죽은 사람에게는 기본 횟수의 2배. 즉 남자는 두 번. 여자는 네 번을 한다.

Tantanali marosim vaqtida, nikoh o'qitishda hamda boshqa marosimlarda o'lganlar ruhiga 2 marta ko'p ta'zim qilinadi, ya'ni erkaklar 2 marta, ayollar 4 martagacha ta'zim qilishadi.

③ 절을 할 수 없는 장소에서 절할 대상을 만났을 때에는 절을 하지 말고 경례로 대신 한다. 그러나 목례를 목례더라도 절을 할 수 있는 장소로 옮겼으면 절을 한다.
Ta'zim qilishga imkoniyat bo'lmasa, uchrashganda ta'zim qilishingiz kerak bo'lgan odamga ta'zim qilinmaydi, faqatgina boshni egib salom beriladi xolos. Ammo ta'zim qilish imkoniyati bor xonaga kirilganda albatta ta'zimni bajo etish zarur.

④ 절을 할 수 있는 장소에서는 절할 대상을 만나면 지체 없이 절한다. '앉으세요' '절 받으세요'라고 말한다.
Ta'zim qila oladigan joyda ta'zim qilishingiz kerak bo'lgan shaxsni uchratsangiz, keyinga qoldirmasda ta'zim qilish lozim. O'tiring, ta'zimimni qabul qiling deb aytish kerak.

⑤ 맞절을 할 때에는 아랫사람이 아랫자리에서 먼저 시작해서 늦게 일어나고, 웃어른이 윗자리에서 늦게 시작해 먼저 일어난다.
Agar o'zaro ta'zimni bajo ettirish lozim bo'lsa, kichik yoshdagi yoki mansabi pastroq bo'lgan odam katta yoshdagi yoki mansabi yuqori bo'lgan odamga birinchi bo'lib ta'zim qiladi, pastroq ta'zimni amalga oshirib, kechroq o'rnidan turadi, yoshi va mansabi katta odam esa, balandroq holatda ta'zim qiladi, va birinchi bo'lib o'rnidan turadi.

⑥ 웃어른이 아랫사람의 절에 답배를 할 때에는 아랫사람이 절을 시작해 무릎을 꿇는 것을 본 다음에 시작해 아랫사람이 일어나기 전에 끝낸다. 비록 제자나 친구의 자녀 또는 자녀의 친구 16년 이하의 연하자라도 아랫사람이 성년이면 답배를 한다.
Katta yoshdagi yoki yuqori mansabdagi odam yoshi jihatdan kichik odamning ta'zimini qabul qilayotganda, yoshi kichik odam tizzasini bukkaniga ishonch hosil qilgandan so'nggina javob ta'zimni boshlab tazim qilayotgan odam o'rnishidan oldin boshini ko'taradi. Garchi shog'irtimi yoki do'sting farzandi yoki farzandlarining do'stlari 16 yoshga to'lmagan bo'lsa ham, voyaga yetganga ta'zim qilganda unga javoban ta'zim qilish shart.

3) 남자가 절할 때의 예절(Erkaklar kishining ta'zim ado etish ahloq-odobi)

① 손을 포개어 잡고 대상을 향해 선다.
Ikkala qo'lni birlashtirgan holatda ta'zim qabul qiluvchining ro'parasiga turiladi.

② 허리를 굽혀 포개어 잡은 손을 바닥에 짚는다(이때 손을 벌리지 않는다).
Birlashtirilgan qo'llarni polga tekkizgan holatda belni egish (bunda qo'llar birlashtirilgan turishi shart).

③ 왼쪽 무릎을 먼저 꿇은 후 오른쪽 무릎과 가지런히 꿇는다.
Avval chap tizza bukilib, unga simmetrik holatda ikkinchi tizza bukiladi.

④ 팔꿈치를 바닥에 붙이며 이마를 손등에 댄다. 이때 엉덩이가 들리지 않도록 한다.
Tirsaklar polgan tekkizilgan holatda peshona kaftning orqa tomoniga tekkizilishi lozim. Bu vaqtda dumg'aza juda yuqoriga ko'tarilib ketmasligi kerak.

⑤ 잠시 머물러 있다가 머리를 들며 팔꿈치를 바닥에서 뗀다.
Biroz shu holatda turib so'ng, boshni asta ko'tarib, tirsaklarni poldan olish lozim.

⑥ 오른쪽 무릎을 먼저 세운 뒤 포개어 잡은 손을 바닥에서 떼어 그 위에 얹는다.
Oldin o'ng tizzani ko'tarib, so'ng birlashtirilgan qo'llarni poldan ko'tarib, shu tizza ustiga qo'yish lozim.

⑦ 오른쪽 무릎에 힘을 주며 일어나서 왼쪽 발을 오른쪽 발과 가지런히 모은다.
O'ng tizzaga tayanib o'rnidan turiladi, chap va o'ng oyoqlarni barobar tutiladi va birlashtiriladi.

4) 여자가 절할 때의 예절(Ayol kishining ta'zim qilish ahloq–odobi.)
◎ 큰절: 부모님, 친척, 어른, 제례 등의 의식행사에 쓰임
(Katta ta'zim: ota–ona, qarindoshlar, kattalarga ma'raka vaqtida va h.z.larda amalga oshiriladi.)

① 포개어 잡은 손을 어깨 높이로 수평이 되게 올린다.
Birlashtirilgan qo'llarni yelka balandligida bilan parallel holatda oldinga cho'ziladi.

② 고개를 숙여 이마를 손등에 붙인다(엄지손가락 안쪽으로 바닥을 볼 수 있게 한다).
Boshni egib, peshonani qo'llarga tekkiziladi (bunda qo'lning katta barmoqlari polga qaratilgan bo'lishi lozim).

③ 왼쪽 무릎을 먼저 꿇은 후 오른쪽 무릎을 왼쪽 무릎과 가지런히 꿇는다.
Avval chap oyoqni, so'ngra chap oyoqqa parallel ravishda o'ng oyoq bukiladi.

④ 오른쪽 발이 앞(아래)이 되게 발등을 포개며 뒤꿈치를 벌리고 엉덩이를 내려 깊이 앉는다.
O'ng oyoqlar pastda qoladigan darajada, oyoqlar bukilib, tizza ochilib dumg'aza ustiga chuqur o'tirildi.

⑤ 윗몸을 반(45도)쯤 앞으로 굽힌다. 이때 손등이 이마에서 떨어지지 않도록 주의한다.
Badanning tepa qismi yarmiga oldinga bukiladi (45 gradus o'lchovida). Bunda kaftning orqa qismi peshonadan uzilmasligi lozim.

⑥ 잠시 머물러 있다가 일어난다.
Biroz shu holatni saqlagan holatda o'rnidan turmoq.

⑦ 오른쪽 무릎을 먼저 세운다.
Avval o'ng tizza qo'yiladi.

⑧ 일어나면서 왼쪽 발을 오른 쪽 발과 가지런히 모은다.
O'rnidan turayotgan vaqtda chap va o'ng oyoqlarni birlashtitib turish lozim.

⑨ 수평으로 오렸던 손을 원위치로 내리면서 고개를 반듯하게 세운다.
Qo'llarni dastlabki holatga keltirib bosh tikka ko'tariladi.

◎ 평절 : 선생님. 연장자. 형님. 누님 등에 인사.(Soddalashtirilgan ta'zim)
① 포개어 잡은 손을 풀어 양 옆으로 자연스럽게 내린다.
Bir biriga birlashtirilgan qo'llar ikkala tomonga erkin tushuriladi.

② 왼쪽 무릎을 먼저 꿇은 후 오른쪽 무릎을 왼쪽 무릎과 가지런히 모은다.
Avval chap tizza bukiladi so'ngra chap tizza bilan barobar ravishda o'ng tizza bukiladi.

③ 오른쪽 발이 앞(아래)이 되게 발등을 포개며 뒤꿈치를 벌리고 엉덩이를 내려 깊이 앉는다.
Chuqur dumg'aza ustiga o'tiriladi, bunda chap oyoq pastda qolishi lozim.

④ 손가락을 가지런히 붙여 모아서 손끝이 밖(양 옆)을 향하게 무릎과 가지런히 바닥에 댄다.
Qo'l barmoqlari birlashtirilib, tizza yoniga polga tushiriladi, bunda barmoqlar tizzaga teksari tarafga qaragan bo'lishi kerak.

⑤ 윗몸을 반(45도)쯤 앞으로 굽히며 두 손바닥을 바닥에 댄다(이때 엉덩이가 들리지 않도록 하며, 어깨가 치솟아 목이 묻히지 않도록 팔을 약간 굽혀도 괜찮다).
Badanning tepa qismi 45 gradus oldinga bukiladi, ikkala kaft polga tushiriladi (bunda dumg'aza tepaga chiqib ketmasligi kerak, bunda bosh yelkaning ichiga kirib ketmasligi uchun qo'llarni biroz buksa ham bo'ladi).

⑥ 잠시 머물러 있다가 윗몸을 일으키며 두 손바닥을 바닥에서 뗀다.
Biroz to'xtab xuddi shu holatda badanning tepa qismini ko'tarib qo'llar yerdan uziladi.

⑦ 오른쪽 무릎을 먼저 세우며 손끝을 바닥에서 뗀다.
Avval o'ng tizza qo'yiladi, hamda qo'l uchlari poldan uziladi.

⑧ 일어나면서 왼쪽 발을 오른 쪽 발과 가지런히 모은다.

O'rnidan turayotib, chap oyoq o'ng oyoqqa parallel holatda birlashtirib qo'yiladi.

⑨ 손을 다시 포개어 잡고 원래 자세를 취한다.

Yana qo'llar bir birini ustiga qo'yilib dastlabki holatga qaytiladi.

10. 가족이나 가까운 친척의 상을 당했을 때의 예절

(Oila a'zosi yoki qarnindoshning motam marosimidagi ahloq–odob normalari.)

① 사람이 위독하면 병원에 입원하기도 하나 가능하면 평소 살던 집의 안방으로 모시고 머리가 동쪽으로 향하게 눕힌다.

O'lim to'shagida yotgan kasalni kasalxonaga yotqiziladi, lekin imkoni boricha uni o'zi umri davomida yashab o'tgan yotoqxonaga boshini sharq tomonga qaratib yotqiziladi.

② 환자가 보고 싶어 할 사람과 환자를 보아야 할 사람에게 연락을 취한 뒤 환자의 곁을 떠나지 않고 조용히 지킨다.

Bemor o'zi ko'rmoqchi bo'lgan odamlarga, shu bilan birga bemorni ko'rmoqchi bo'lgan odamlarga xabarni yetkagandan so'ng yonidan jilmasdan turish kerak.

③ 집의 안팎을 정돈하고, 환자가 세상을 떠났을 때 알려야 할 곳을 기록 해 정리하고 가족들이 해야 할 일도 각자 준비 한다.

Uyni tartibga keltirib o'limdan song xabar berish kerak bo'lgan odamlar ro'yxatini tuzish, hamda bajarish kerak bo'lgan ishlarni oila a'zolari orasida bo'lish zarur.

④ 환자의 마지막 유언을 조용한가운데 잘 듣도록 한다.
Tichlik saqlagan holatda bemorning so'ngi vasiyati tinglanadi.

⑤ 환자의 더러워진 옷을 깨끗한 옷으로 갈아입힌다.
Bemorni toza kiyimlarini kiyintirish lozim.

⑥ 가능하면 의사가 환자의 곁을 지키도록 하고 그렇지 못할 때에는 환자의 입이나 코 위에 솜 등을 얇게 펴놓아 숨지는 것을 알 수 있도록 한다.
Iloji boricha bemor bilan oxirgi daqiqagacha shifokor bo'lishi ta'minlanishi lozim, bunday imkoniyat bo'lmasa, bemorning og'zi yoki burni oldiga kichik paxta qo'yiladi, toki bemor olamdan o'tgaligini aniq bilish uchun.

⑦ 환자가 숨을 거두면 의사를 청해 사망을 확인하고 사망진단서를 받는다.
Bemor so'ngi nafasini chiqarishi bilan, shifokorni chaqirib, uning o'limi aniqligi tasdiqlangandan so'ng o'lim haqidagi tegishli hujjat olinishi lozim.

⑧ 사망이 확인되면 지키던 가족과 친척들은 슬픔을 다 한다.
O'limi tasdiqlangandan so'ng, oila a'zolari va qarindoshlar o'lganning ustida motam tutishadi.

⑨ 숨을 거둔 후 한 시간 내에 반드시 죽은 이의 가족이 주검을 잘 수습하여 모신다(주검이 흐트러지지 않게 다음과 같이 한다).
O'limdan keyin 1 soat ichida, qoidalarga asosan o'lgan jasad yuvib tozalanadi (jasad noto'g'ri holatda qotib qolmasligi uchun quyidagi ishlarni amalga oshirish zarur).

⑴ 죽은 이의 눈을 쓸어내려 잠자듯이 감긴 후 머리가 남쪽으로 가도록 방의 한쪽에 반듯하게 눕힌다.
Jasadning qovoqlari uxlayotgan kabi pastga tushiriladi, jasadni shunday joylashtirish lozimki, jasad boshi janub tomonga qarab turishi kerak.
⑵ 주검의 발바닥을 벽에 닿도록 하여 반듯한 모습으로 유지시키고 무릎을 곧게 펴서 붕대나 백지 등으로 묶는다.

Oyoq tovonlarini devorga tekkizib tekis holatda qotirib qo'yish lozim, tizzalar to'g'rilanishi, va ular bint yoki biror bir toza mato yordamida tekis bog'lanib qo'yilishi shart.

(3) 두 손은 배 위로 모아 남자는 오른손이(여자는 왼손이) 위로 가도록 포갠 뒤 역시 붕대나 백지 등으로 묶는다.

Ikkala qo'l birlashtirilib qorin ustiga shunday qo'yiladiki, erkak kishilarda o'ng qo'l (ayol kishilarda chap qo'l) tepada bo'lishi kerak, buni ham bint yoki toza mato yordamida bog'lash lozim.

(4) 주검의 머리를 반듯하게 유지시키고 입에는 나무젓가락 등에 솜을 말아 물려서 오므려지지 않도록 한 후 솜으로 귀를 막고 가제 등으로 코와 입을 덮어 벌레나 곤충 따위가 들어가지 못하도록 한다.

Jasad boshini to'g'ri qilib, jasadning og'ziga paxta o'ralgan tayoq solinib, quloqlari ichiga paxta tampon tiqiladi, burun va ogiz ustiga dokani shunday yopib qo'yish kerakki unga qurt-qumirsqalar kirib ketmasligi zarur.

5) 홑이불로 얼굴을 포함한 몸 전체를 덮는다.

Jasadni adyol bilan yopiladi.

⑩ 주검 앞을 병풍이나 장막으로 잘 가리고 그 앞에 향상(香床)을 차려 향을 피우며 두 개의 촛대를 좌우에 세워 촛불을 켜 빈소(殯所)를 차린다.

Jasad oldiga parda yoki pardadevor qo'yiladi, uni oldiga stolda hushbo'y is taratuvchi narsa, hamda stolning ikkala chap va o'ng chetlariga shag'am qo'yiladi.

⑪ 방안을 다시 정리한 뒤 빈소를 지키며 조문객을 맞는다.

Uyni tartibga keltirib stol yonida o'tirib ta'ziyani qabul qilishadi.

⑫ 시신(屍身)을 입관(入棺)한 다음, 가족과 가까운 친척들은 상복으로 갈아입는다. 한복을 입을 경우에는 흰색으로 양복을 입을 경우에는 검은색 양복과 넥타이를 사용한다. 머리에는 무명으로 만든 흰색의 건(巾)을 쓰거나 삼베로 만든 것을 쓰며, 여자의 경우는 흰색 머리쓰개를 쓴다.

Jasadni tobut ichiga joylashtirgandan so'ng oila a'zolari va qarindoshlar motam kiyimini kiyishadi. Agar Xanbok kiyilsa, u oq rangda bo'ladi, agar bu erkaklar kosyumi bo'lsa, qora rangda bo'lib, gaplstuk ham taqiladi. Boshiga oq paxtadan qilingan bog'ich, yoki nasha o'simligidan bosh kiyimi kiyiladi, ayollar boshlariga oq ro'mol taqadilar.

11. 제사 지낼 때의 마음가짐
(Xotiralash marosimida ichki holat (kayfiyat).)

① 복장은 한복이나 양복 정장을 입거나 평상복일 경우에는 화려하지 않은 단정한 옷차림을 한다.
Xanbok yoki jiddiy kostyum kiyiladi, har kungi kiyim bo'lsa, u juda yorqin bo'lmasligi zarur, juda sodda bo'lishi kerak.

② 제사 전날에는 몸을 깨끗이 닦고 경건한 마음가짐을 갖는다.
Xotiralash kunida toza yuvinib o'zining ichki holatini pok tuyg'ular bilan band bo'lishiga harakat qilish kerak.

③ 제사준비는 모든 가족이 힘을 모아야 하므로 반드시 부모님을 도와 제사에 함께 참여할 수 있도록 한다.
Xotiralash marosimida barcha oila a'zolari qatnashishlari lozim, shuning uchun farzandlar ham ota-onalariga tayyorgarlikda yordam berishlari, va marosimda o'zlari ham ishtirok etishlari lozim.

④ 제사를 지낼 때에는 왼손이(여자는 오른손이) 위로 가도록 손을 포개어 잡고 다소곳하게 서 있는다.
Marosimda chap qo'l o'ng qo'l tepasida joylashgan bo'lishi, va shu holatda barcha tik turishi lozim.

⑤ 절을 할 때에는 전통의식에 따라 두 번 절한다.
Ta'zimni amalga oshirayotganda 2 marotaba ta'zim qilinadi.

⑥ 술잔을 올릴 때에는 무릎을 꿇고 단정히 앉아 두 손으로 술을 따른 다음 역시 두 손으로 잔을 받들어 올린다.
Spirtli ichimlikni qo'yayotganda, oyoqlar bukilib, tizzalarga tekis o'tiriladi,

ikkala qo'l bilan ichimlik idishga quyilib, ikkala qo'lda ushlagan holatda stol ustiga qo'yib qo'yiladi.

⑦ 제사의 진행 절차는 부모님의 지시를 받아 그대로 따른다.
Xotiralash marosimni amalga oshirishda ota-onalarining ko'rgazmalari bo'yicha barchaini amalga oshirish zarur.

⑧ 제사가 진행중일 때에는 옆 사람과 잡담하거나 불필요하게 움직이지 않도록 주의한다.
Marosim amalga oshirilayotganda birov bilan ortiqcha so'zlashmaslik va ortiqcha xatti-harakatlarni amalga oshirmaslik zarur.

12. 문상을 할 때의 예절
(Motam tutgan uyga borgandagi ahloq-odob qoidalari.)

① 옷차림은 화려하거나 색상이 요란한 옷을 피하고 단정하게 입어야 한다.
Bayramona va yorqin kiyimlarni kiymasdan, jiddiy kostyum kiyish lozim.

② 먼저 호상소로 가서 자신의 신분을 알리고 분향소로 안내 받는다.
Avvalo ichkariga kirib o'zini tanishtirish lozim, undan keyingina motam xonaga kiriladi

③ 영정 앞으로 나아가 향을 피우고 오른손이(여자는 왼손이) 위로 가도록 포개어 잡은 뒤 잠시 서서 죽은 이를 추모하며 슬픔을 나타낸다.
O'lgan odamning rasmi turgan joyga to'g'ri borib hushbo'y hid taratuvchi narsani yoqib, qo'llarni qovushtirib o'ng qo'l (ayollarda chap qo'l) tepada turadigan qilib sukut saqlash lozim, shu bilan o'lgan odamni xotirasiga duo qilinadi.

④ 두 세 걸음 뒤로 물러나서 영정을 향하여 두 번 절하며, 이때에도 손을 앞의 요령에 따라 포개어 잡는다.
2-3qadam orqaga yurib 2 marta ta'zim bajo keltiriladi rasmga qarab, bunda qo'llar yuqoridagi aytilgani kabi bo'lishi shart.

⑤ 약간 뒤로 물러나서 상제가 있는 쪽을 향해 선 뒤, 상제에게 한번 절한다.
Biroz nariga borib o'lganning qarindoshlari oldiga borib, ularga ro'para bo'lib turib 1 marotaba ta'zim bajo keltriladi.

⑥ 절을 마친 뒤 꿇어 앉아 '얼마나 슬프십니까' 등 상황에 적합한 인사말을 한다.
Ta'zim bajo keltirgandan so'ng o'tirib, ta'ziyangiz qanchalik chuqurligi haqida, va shunga o'xshash qalbga dalda beruvchi so'zlarni aytish lozim.

⑦ 조문할 다른 손님이 기다리고 있으면 공손한 자세로 물러난다.
Agar xonada ta'ziya bildiruvchilar yana bo'lsa, sekingina xonani tark etish lozim.

⑧ 다시 호상소로 가서 준비된 부조금품 등을 내놓는다.
Ro'yxatdan o'tish xonasiga qaytib, tayyorlab qo'ygan konvertingizni berishingiz mumkin bo'ladi.

⑨ 대접하는 다과가 있으면 간단히 들고 일어난다.
Agar tashrif buyuruvchilar uchun dasturxon yozilgan bo'lsa, ozgina tamadi qilib o'rningizdan turib ketishingiz kerak bo'ladi.

⑩ 부모님과 함께 문상을 갈 경우에는 부모님의 지시에 따라 조문한다.
Agar ta'ziyaga ota-onangiz bilan borsangiz ota-onalaringiz amalga oshirgan harakatlarga rioya qilib qaytaring.

국기 및 국가에 대한 예절
(Bayroq va madhiyaga bo'lgan hurmat ahloq qoidalari.)

◉ 국기게양(Bayroqni ko'tarish)

❖ 경축일에는 국기를 게양 하는데 이때는 깃봉과 깃폭사이를 띄지 않고 게양을 하고 국가적으로 조의를 표할 때에만 깃봉과 깃폭사이를 기폭만큼 내려(조기) 게양합니다.

Bayram kunlarida bayroq yuqoriga ko'tariladi bu vaqtda bayroq o'rnatilgan xoda bilan bayroq kengligi o'rtasini birlashib qolmasligiga qarab ko'tariladi. Faqatgina davlat darajasidagi motam e'lon qilingandagina bayroq o'rnatilgan xodasidan bayroq enigacha bo'lgan uzunlikda pastga tushirilib qo'yiladi.

❖ 국기 다는 날(경축일)

Bayroq ko'tariladigan sanalar (bayram kunlari).

3월 1일(3.1절), 7월 17일(제헌절), 8월 15일(광복절), 10월 1일(국군의 날), 10월 3일(개천절), 10월 9일(한글날)

1 mart(Yapon armiyasini chiqarilib mustaqil bo'lgan kun 3.1.), 17 iyul (Konstitutsiya kuni), 15 avgust (Ozodlik kuni), 1 oktyabr (Harbiy kuchlar kuni), 3 Oktyabr (Davlat paydo bo'lgan kun), 9 oktyabr (Koreys yozuvi kuni).

❖ 조기 다는 날

Motam vaqtida bayroqning tushirilishi

6월 6일(현충일)

6 iyun (Xotira kuni)

◉ 국기에 대한 예절(Bayroqqa bo'lgan hurmat etiketi)

(1) 국기는 국가의 상징이므로 게양하지 않을 때에는 반드시 깨끗한 함에 넣어 소중하게 보관한다.

Bayroq davlat belgisi hisoblanadi, agar uni osib qo'yilmasa, uni toza idishda ehtiyotlab saqlash lozim.

⑵ 국기의 색이 바라거나 더럽혀진 경우. 낡아서 더 이상 사용이 곤란한 경우에는 반드시 소각하도록 한다.
Agar bayroqning rangi o'chgan yoki kir bo'lib holda, boshqa ishlatishga yaroqli bo'lmay qolgan hollarda albatta yoqib yuboriladi.

⑶ 국기를 게양하거나 내릴 때에는 국기가 땅에 닿거나 끌리지 않도록 주의 한다.
Bayroqni ilayotganda hamda tushirayotganda yerga tegizilishi va sudralishiga yo'l qo'yilmaydi.

⑷ 국경일이나 현충일 등의 기념일에는 반드시 국기를 게양하도록 하며, 가정에서 국기를 게양할 때에는 집밖에서 보아 대문의 왼쪽에 게양한다.
Bayram kunlari yoki motam kunlarida, hamda boshqa xotiralash kunlarida bayroqni albatta ilish shart, agar bayroq xususiy odamlar tomonidan osilayotgan bo'lsa, u darvozadan kiruvchilar uchun darvozaning chap tomonida osilgan bo'lishi zarur.

⑸ 평상시나 경축일 등에 게양할 때에는 국기를 깃봉 바로 밑에 이어 게양한다.
Kundalikda yoki boshqa ta'ziya bayramlarida bayroq xodasi bilan birga osiladi.

⑹ 현충일 등 조의를 표해야 할 때에는 깃봉과 깃면 사이를 깃면의 너비만큼 띄워 게양한다. 단, 깃대가 짧을 경우 깃대의 중간 위치에 국기를 게양한다.
Xotira kuni va boshqa motam kunlarida bayroqni tushirganda bayroqning enichalik uzunlikda pastga tushirilishi lozim.

⑺ 비나 눈이 올 때에는 국기를 게양하지 않는다. 게양한 후에 비나 눈일 올 경우에는 즉시 거두어들였다가 날이 개면 다시 게양한다.
Yong'ir yoqqan kunlarda hamda qor yoqqan paytlarda bayroq osilmaydi. Agar bayroq osib bo'lingandan so'ng yomg'ir yoki qor yog'ib yuborgan bo'lsa, bayroq darrov yechiladi, hamda qor yoki yomg'ir to'xtagandan so'ng yana osib qo'yiladi.

(8) 국기에 대한 경례를 할 때, 평상복 입은 사람은 국기를 향해 바른 자세로 서서 오른손을 펴서 왼쪽가슴에 올리고 국기에 주목한다.

Bayroqqa bo'lgan hurmatini ifodalash uchun kostyum kiygan odam bayroq tomonga burilib tik qaraydi, hamda o'ng qo'lini chap ko'ksiga qo'yib hurmatni bajo keltiradi.

(9) 평상복 입은 상태에서 모자를 쓰고 있을 경우에는 오른손으로 모자를 벗어들고 안쪽을 왼쪽가슴에 댄 채 국기에 주목한다.

Agar kundalik kostumni kiygan va boshida bosh kiyimi bo'lgan odam bo'lsa, o'ng qo'li bilan bosh kiyimni chap ko'ksiga qo'yadi, bunda bosh kiyimning ichki tarafiko'ksi tomon qaratilgan bo'lishi lozim.

(10) 군인이나 경찰관 등 제복을 입은 사람은 거수경례를 하고 국기에 주목한다.

Harbiy odamlar, militsiya xodimlari rasmiy kiyimlarida bo'lsalar, qo'larini boshlariga qo'yib salyut berishlari lozim.

(11) 국기의 게양식 및 하강식이 진행될 때, 국기를 볼 수 있는 위치에 있는 사람은 국기를 향하여 경계를 하며, 애국가 연주만 들리는 경우에는 그 방향을 향해 바른 자세로 선 채 연주가 끝날 때까지 움직이지 않는다.

Bayroqni ko'tarish va tushirish jarayonida bayroq ko'rinayotgan odam madhiya ovozini eshitishi bilanoq, bayroq tomon yuzlanib madhiya tamom bo'lgunga qadar sukut saqlab turishi lozim.

◯ 태극기(국기)(Davlat bayrog'i)

❖ 태극기에 담긴 뜻(Davlat bayrog'ining belgisi)

- 바탕 – 흰색 우리 민족이 좋아하는 색 ⇒ 백의민족
    - 깨끗함, 순박함, 평화를 나타냄.
- Fon - oq rang- koreys xalqining eng sevgan rangi ⇒ bu yerdan koreys xalqining o'znomi
    - begiy minchok ("oq kiyimdagi xalq") - tozalik, birdamlik, tinchliksevarlik ma'nolari ifodalanadi.
- 원 – 태극무늬를 둘러싸고 있는 원은 우주를 상징
    - 단일성, 원만함, 통일성을 나타냄.
- Doira - Doira misolida Buyuk chegara belgisi, unda ikki rang: ko'k va qizil rangli ikki qism bir biri bilan tutashib ketgan holatda umumiy tarzda tasvirlangan quyunni ifodalab - bu tasvir qadimda Koreyada qo'llanilgan. Ko'k rang - ayollarga xos "in"ni ifodalab xitoy tabiiy falsafasida umid ma'nosini anglatadi. Qizil rang- erkaklarning boshi "yan"ni ifodalab, Xitoy tabiiy falasafasida "oliyjanoblilik" ma'nolarini anglatadi. "Bir joydan ikkinchi joyga oqib o'tishi" erkak va ayollar boshining o'zaro kurashi tugallanib o'zaro bog'lanishning boshlanish chegarasidir. Shunday qilib, ulkan chegara o'zida barcha barsalkarning boshi hamda insoniyatning yashash sarchashmasini bildiradi. Bir necha marotaba aylangan holatda, Ulkan chegara abadiyligini bildiradi.

◯ 태극무늬(Bayroqdagi naqshlar)

- 위쪽(붉은색) ~ 양의 세계
- 아래(파란색) ~ 음의 세계
- 우리 민족의 무궁한 발전과 창조정신을 나타냄.
- tepada(qizil rang) – erkak zotining boshi – yan
- pastda (ko'k rang) ayollarning boshi – in'
- koreys xalqining gullab-yashnashi va donoligi ma'nolarini ifodalaydi.

❖ 태극기(4괘)
   (Uchgramma(4))

◆ 건(☰) : 하늘을 나타냄
   계절: 여름/ * 방향: 동쪽/ * 뜻: 너그럽고 어짐(인)

◆ Gon (☰): osmon ramzi
   Yil fasli: yoz, * yo'nalish: sharq/ * ma'no: tushunish, insoniylik (in')

◆ 곤(☷) : 땅을 나타냄
   계절: 여름/ * 방향: 서쪽/ * 뜻: 의로움(의)

◆ Go'n(☷) : yer ramzi
   Yil fasli: yoz/ * yo'nalish: g'arb/ * ma'no: adolatlilik (iy)

◆ 감(☵) : 달 또는 물을 나타냄
   계절: 겨울/ * 방향: 북쪽/ * 뜻: 지혜(지)

◆ Gam(☵) : oy ramzi, suv ramzi
   Yil fasli: qish/ * yo'nalish: shimol/ * ma'no: donolik (dji)

◆ 이(☲) : 해 또는 불을 나타냄
   계절: 가을/ * 방향: 남쪽/ * 뜻: 예의(예)
◆ Li (☲) : oftob ramzi, olov ramzi
   Yil fasli: kuz/ * yo'nalishi: janub/ * ma'no: xushmuomalalik (ye)

◯ 국가(國歌)에 대한 예절(Madhiyaga bo'lgan hurmat qoidasi)

(1) 우리의 국가인 애국가(愛國歌)에 대해서는 4절까지의 가사 전체를 정확히 알고 있어야 함은 물론 그 속에 포함된 의미도 이해하고 있어야 한다.
Albatta madhiyaning 4 bandini barchasini yoddan bilish hamda mazmunini anglash zarur.

(2) 국민의례시 애국가 제창은 4절까지 하는 것을 원칙으로 하나, 부득이 한 경우에는 1절만 제창 할 수도 있다.
Davlat marosimlarida qoida bo'yicha barcha 4 bandi yoddan aytiladi, ba'zi hollarda esa, 1 bandi bilan kifoyalanadi.

(3) 애국가를 제창할 때에는 경건한 마음으로 일어서서 끝날 때까지 움직이지 않는다.
Madhiya ijrosi vaqtida diyonatkorona ruhda o'rnidan tik turilib, madhiya oxirigacha sukut saqlanadi.

(4) 보행중이거나 기타 다른 일을 하다가도 애국가 연주나 가창이 들리면 즉시 바른 자세를 취하고 끝날 때까지 움직이지 않는다.
Agar yurayotgan yoki biror bir ish bilan mashg'ul bo'lgan vaqtingizda madhiya ovozi eshitilsa, darhol tik turib madhiya tugashini oxirigacha kutishingiz zarur.

(5) 애국가는 어떤 경우라도 가사를 함부로 고쳐 부르거나 곡을 변조하여 불러서는 안 된다.
Aslo madhiya matnini yoki musiqasini o'z ixtiyoringiz bilan o'zgartirishingiz mumkin emas.

☯ 애국가(국가)(Madhiya)

❖ 애국가 가사에 담긴 뜻

- 제1절

동해물과 백두산이 마르고 닳도록 하느님이 보우하사 우리나라 만세
(넓고 깊은 동해 바다와 높고 푸른 백두산은 우리의 상징이다. 단군시대부터 오늘날까지 긴 역사를 지켜왔다)

- 제2절

남산위에 저 소나무 철갑을 두른 듯 바람서리 불변함은 우리 기상일세
(소나무의 푸른 모습에서 충신, 열사의 지조를 생각한다. 어려움 속에서도 뜻을 굽히지 않는 지조는 우리의 자랑이다.)

- 제 3절

가을하늘 공활한데 높고 구름없이 밝은 달은 우리 가슴 일편단심일세
(맑고 푸른 가을 하늘을 이상으로 갖는다. 나라와 겨레를 위하여 충성심을 가슴 깊이 간직한다)

- 제4절

이 기상과 이맘으로 충성을 다하여 괴로우나 즐거우나 나라사랑하세
(우리민족은 평화를 상징하는 민족이다. 끊임없는 침략 속에서도 우리민족은 단결하여 외적을 물리친다)

- 후렴

무궁화 삼천리 화려강산 대한 사람 대한으로 길이 보전하세
(무궁화 피어나는 우리 강산은 아주 아름답다. 우리 모두 삼천리강산에 무궁화를 심고 가꾸자. 다 같이 힘 모아 나라를 지키자)

Janubiy Koreya Madhiyasining transkriptsiyasi

1. Donghae mulgwa Baekdusani mareugo daltorok
   Haneunimi bo-uhasa uri nara manse

NAQORAT:
Mugunghwa samcheolli hwaryeo gangsan
Daehan saram Daehan euro giri bojeonhase

2. Namsan wie jeosonamu cheolgapeul dureundeut
Baram seori bulbyeon naneun uri gisang ilse

NAQORAT

3. Gaeul hanal gonghwal hande nopgogu reumeopsi
Byalgeun dalgeun uri gasim ilpyeon dansim ilse

NAQORAT

4. Igi sangnwa imam euro chungseongeul dahayeo
Goero una jeulgeo una nara sarang hase

NAQORAT

Janubiy Koreya madhiyasining o'zbek tilidagi tarjimasi

"O'z mamlakatingni sev"

Sharq dengizining suvlari qurimagunigacha,
Yer yuzidan Pektusan tog'i yo'q bo'lib ketmagunigacha,
Bizning mamlakatimizni Xudoning o'zi yorlaqaydi.

Uchming liga teng ajoyib daryo va tog'lar
Gullayotgan Gibiskus bilan qoplangan. Buyuk koreys xalqi
Koreys yo'lidan aslo qaytma!

Namsan tog'ining asrlik qarag'ay daraxtidek
Shamol va qorlarga qarshilik ko'rsatadi,

Bizning ruhimiz sinmas.

Bizning fidokor va mustahkam yuragimizda
Baland bulutsiz kuzgi osmon
Hamda yorqin oydir.

Shunday ruhda va shunday yuraklarda
Biz qayg'uda va hursandchilikda Vatanimizni sodiqmiz!

● 나라꽃 무궁화(Davlat guli Sharon atirguli (Gibiskus))

① 반만년 유구한 역사와 더불어 흐르는 배달겨레의 얼이 담긴 꽃
5000 yillik tarixni o'zi bilan olib kelgan vatanimiz ruhi (qalbi) joylashgan gul.

② 일출(해뜸)과 동시에 피어서 일몰(해짐)과 함께 지는 항상 새로운 꽃
Quyosh chiqqanda ochilib quyosh botganda yopilib, ushbu gul xalqning chidamlilik ruhiyatini ifodalaydi.

③ 7월에 10월까지 100일간에 걸쳐 끊임없이 피어나는 꽃
Gibiskus gullari iyul oyidan oktyabr oyigacha gullaydi, so'ligan gullar o'rnida yangi gullar ochiladi.

④ 8월 15일경에 가장 활짝피며 태극모형의 씨를 가진 꽃
Gibiskus gulining ashshadiy gullash davri 15 avgustlarga to'g'rikeladi, gibisgus urug'lari shakli bayroq tasvirini eslatadi.

⑤ 애국가 후렴 속에 항상 피어나는 조국통일을 염원하는 꽃.
Madhiya naqoratida gibiskus guli abadiy gullab yashnaydigan Vatan umidi timsoli sifatida yangraydi.